緑と暮らす。

自然を感じる、
心地のいい庭のつくり方

X-Knowledge

はじめに

ふと、窓の外に目をやるとき、そこには緑がほしい。
それは、多くの人に共通する根源的な望みです。
日々を送る住まいこそ、真っ先にその望みを満たすべき場所。
「ずっと家の中で過ごしていても
飽きあきすることがないのは、この庭のおかげ」
この本に登場する住まい手の言葉が、そのことを裏付けています。

広大な自然の中には住めなくても、
ほんの小さな坪庭の、一本の木からでも
人は四季のめぐりを感じ取ることができます。
無味乾燥な環境では、眠ってしまう感受性。
それを目覚めさせるのは、

庭とのつながりを大切に設計された住まいと、
住まいとのハーモニーを意識して計画された庭。
双方が噛み合うことで小さな自然との関わりが生まれ、
暮らしに味わい深さが備わります。

この本では、庭と住まいの豊かな関係性を実現した11の事例をご紹介。
後半では、住まいと相性のいい庭づくりについて
造園家がコツを語り、実例をあげて解説します。

住環境が人生の基盤であることを新たな視点から確認できた今、
日々ささやかな幸せを見出せるような
住まいと庭をつくりあげてほしい。
この本が、その端緒となれますように。

緑と暮らす。

自然を感じる、心地のいい庭のつくり方

contents

写真／飯貝拓司
取材・文／松川絵里
デザイン／工藤亜矢子（OKAPPA DESIGN）
間取りイラスト／ハマモトヒロキ
編集／別府美絹（エクスナレッジ）

南側にある駐車場側の玄関ポーチ。土間越しに北側の庭が見える。ポーチの際にアイビーを這わせて縁取る。

緑と暮らす／no.01

土間でつながる南北の庭 塀をつくらずみんなで共有

敷地内にあった段差を生かし、塀はつくらず周囲に開く。地域に愛される庭には、毎朝園児たちの声が響く。仕事の打ち合わせ室にもなる土間を光と風が行き来して、南北2つの庭が家の中で出会い、つながる。（広島県 池田邸）

気づきをくれる
虫や鳥の命のドラマ
好奇心は泉のように

4 3 | 2 1

1 北側からのアプローチ。敷地の周囲に塀はないが、スギ板コンクリートの門柱や部分的に設けた木塀で柔らかく結界をつくっている。2 南側のアプローチ。既存擁《よう》壁を低くカットして、緩やかに上る通り庭に。3 高低差をつなぐコンクリートの階段も、元からあったものを生かした。ベンチのような木製の台をつくったので、木陰で腰かけて過ごせる。4 土間から南の庭を見る。庭の手入れに余念がない夫に多忙な妻はなかなか付き合えないが、緑は大好きだ。「夫はここに引っ越してから元気になった気がします」

4 | 3 1 / 2

1 北側ポーチのシンボルツリーはヤマツツジ。玄関引き戸の型ガラスにも緑がにじむ。2 ダイニングの障子を閉めたところ。窓の緑が消えると気持ちが室内へと向かう。3 家族が集まる場所はダイニングの円卓。床はアッシュ、壁・天井は珪藻土。4 土間を仕事の打合せ室としても使うときは、引き戸を閉めればプライベート空間と切り離すことができる。

朝起きたら、
真っ先に庭をひとめぐり

「今の時期（5月）は朝起きたらまず庭を見たい、というくらい緑がきれいです」（妻）。土間の墨入りモルタルで空間が引き締まり、外の緑が鮮やかさを増す。

「朝はルーティンが1時間ありまして、なかなか忙しいです」と夫。6時頃に起床すると、ひんやりした空気の中を歩き回ってひと通り庭をチェックする。木が病気になっていないか、悪い虫にやられていないか。いらぬ草が生えれば摘み取り、木には葉水をかけてやる。朝食の支度が整うころ庭から戻り、家族と食卓を囲む。「主人は観察眼がすごくて、何が咲いたとか、鳥の雛が孵ったとか、いつも真っ先に発見します」（妻）。

池田邸は、構造設計事務所を営む夫の仕事場を併用した住宅だ。長らく住んでいた借家が老朽化したため、海辺に広い土地を購入し、新しい家を建てることにした。前の住まいは敷地いっぱいに建物があり、庭と呼べるようなスペースはほとんどなかったという。二面を道路に囲まれた敷地は約120坪と十分な広さだが、高さの違う3つの部分に分かれている。北側2／3ほどの上段、南西角の中段、南東側の下段。下段は道路と同じレベルの駐車スペースで、アスファルトで固められていた。敷地の高低差と駐車スペースをそのまま生かし、上段にL字型の建物を配置。南北にまちへとつながるふたつの庭をつくった。車通りは多い環境だが、周囲に対して塀を設けるような閉じた暮らしではなく、まちに開いた暮らしがしたい、というのが夫の希望。建築家の穂垣友康さん・貴子さんには「建築や庭も含めた風景を、地域の人も楽しめるように」と伝えた。

夫の仕事場と生活ゾーンの間には玄関を兼ねた土間を設け、来客時は引き戸で仕切れる間取りに。南北両面にある土間の戸を開け放つと、土間は半屋外的な場所になる。「この地域の温暖な気候を利用した、開放的な暮らしを想定しました。冬は日を奥まで導き入れて土間のモルタルに蓄熱し、夏は風を通し土間のひんやりとした感触で涼しく過ごしてもらえたらと」（穂垣さん）

ふだんは夫がひとり、仕事場で過ごすことが多い。仕事に飽きると庭を見て回る。「庭にはメジロやジョウビタキのような野鳥が遊びにきたり、キジバトやセミの産卵に出会うこともあります」と目を輝かす夫。庭で繰り広げられる命のドラマにすっかり夢中になり、仕事場のデスクにカメラを常備。窓越しにシャッターチャンスを狙う。

池田邸の角の交差点には幼稚園のバス停があり、近所の子どもと送り迎えの親たちが集う。朝はバスが来るのを待てない子どもたちが、池田さんの庭を駆け回る。「地域の人も楽しめる庭」が日常の風景として定着している。

仕事と暮らしを混ぜたり分けたり通り土間で塩梅する

3 2
5 4
1

1 土間は2階まで吹き抜けて、水平・垂直両方向に立体的な広がりを持つ。2 キッチンからダイニング・土間・仕事場である書斎を見通す。3 ダイニングからキッチンを見る。造作のカウンターがキッチンの内部を程よく隠してくれる。4 2階の個室から吹き抜けを見通す。正面に見えるのは和室。5 仕事場でパソコンに向かう夫。東の庭の緑が窓辺を飾る。

池田さんの家と庭 ‖ no.1

敷地面積	391.24㎡（118.35坪）
延床面積	136.23㎡　1F：86.54㎡　2F：49.69㎡
竣工	2014年
家族構成	夫婦＋子1人＋姉
設計	くらし設計室
施工	ホーム
造園	作庭衆 庭譚

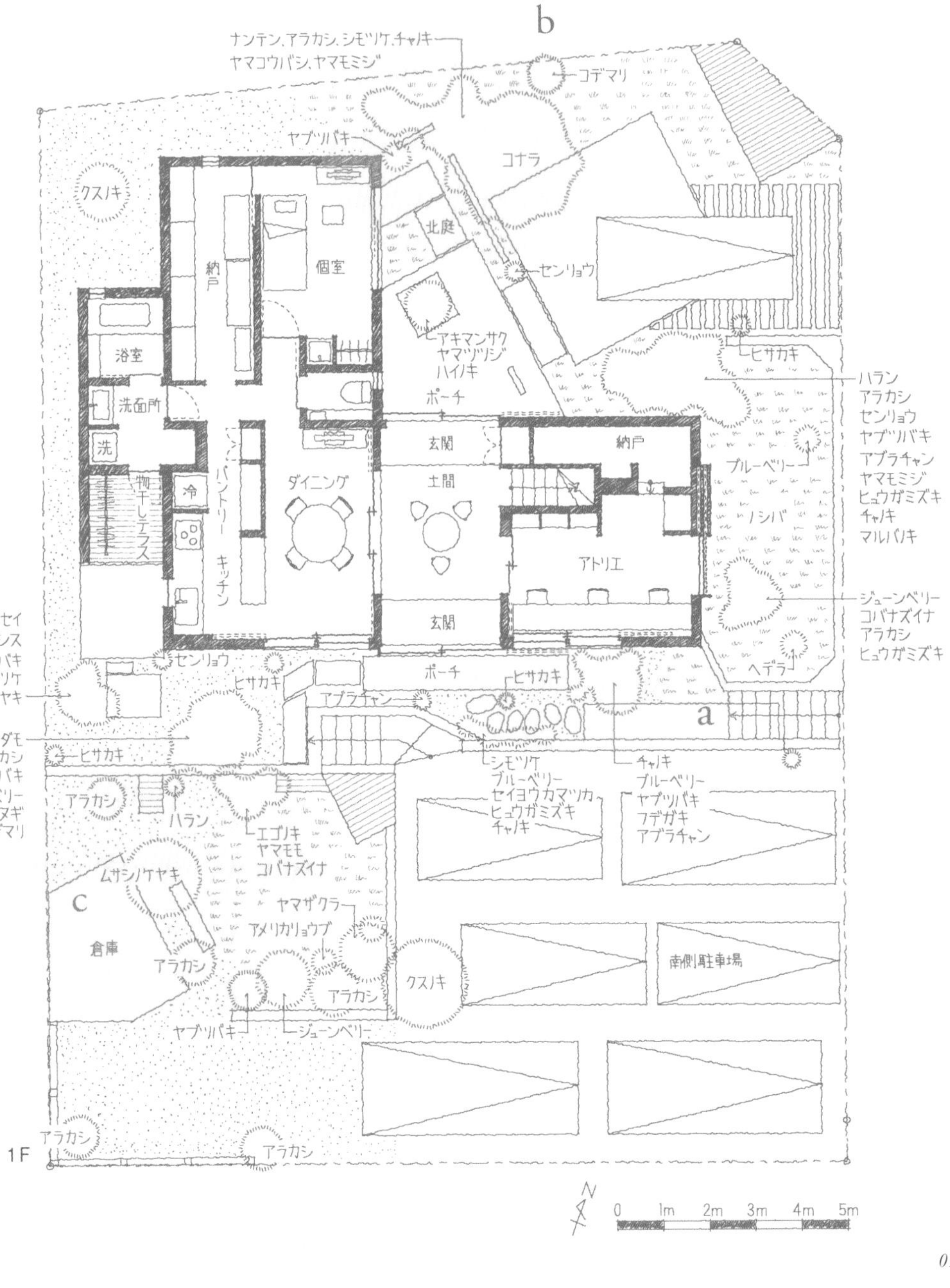

b 北の庭

L字型の建物を、北東方向に見える山を囲むように配置することで生まれた庭。左右に落葉樹の雑木林をつくり、玄関へと迎え入れるような雰囲気を出しつつ、板塀で適度に内部を遮蔽している。

ハイノキ

ヤマコウバシ

シモツケ
(撮影／池田さん)

コナラ

コデマリ
(撮影／池田さん)

ヤマツツジ
(撮影／池田さん)

a アプローチ

道路から直接玄関へ向かうルート。駐車場との境の既存擁壁を低くカットして生かし、緩やかに上りながら玄関へと至る園路をつくった。存在感のある飛び石を伝い歩くと大きな引き戸の玄関にたどり着く。

セイヨウカマツカ

アイビー

フデガキ
(撮影／池田さん)

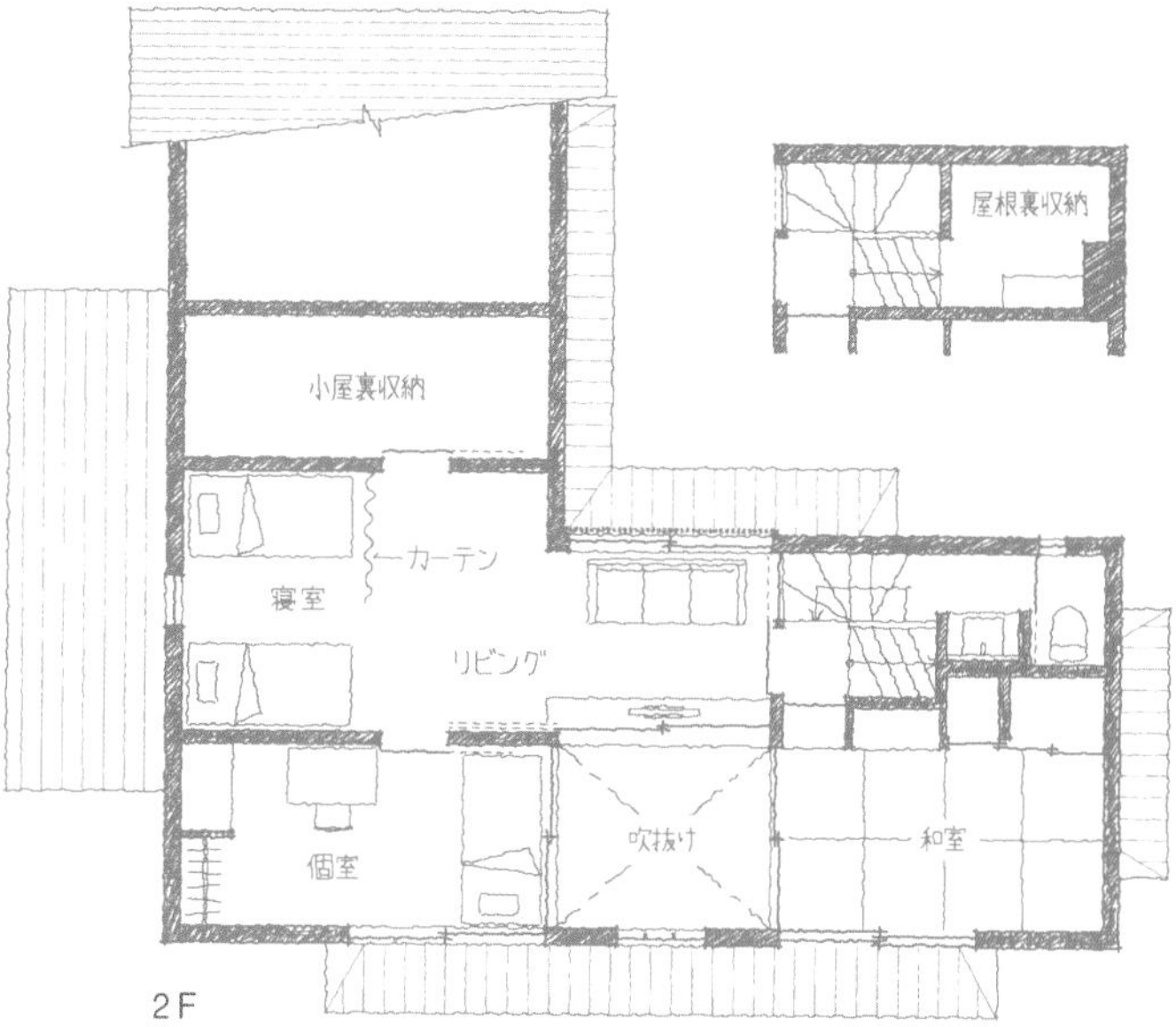

c 南の庭

住まいのある地面より少々低い南の庭は木々に囲まれ、暮らしの場からも隔離された感覚があり、落ち着ける。地面は既存の真砂にノシバを張った。正面の階段を上がると物干し場、勝手口へとつながる。

ヤマモモ
(撮影／池田さん)

アオダモ
(撮影／栗田信三)

アメリカリョウブ
(撮影／池田さん)

アラカシ

ジューンベリー
(撮影／池田さん)

ムサシノケヤキ

御影石を組んだベンチが木陰に憩いをもたらす。ベンチの背面は板張りの倉庫。

緑と暮らす／no.02

森をつくって鳥を待つリビングのワイドスコープ

目的は「鳥を観察すること」。
そのための庭、そのための家である。
鳥が集まりやすい庭をメインに、
余白に住まいを配置するとは、
建築家にとっても初めての体験だった。
庭で繰り広げられる小さな事件に、心躍る日々。
（千葉県 H邸）

右：エゴノキに鳥用の餌台を吊るし、餌用のクズ米や小豆などを置く。左：リビングの大きな二面開口から、庭に集まる鳥を観察。床を70cm地面から下げているので、窓の下端がグランドレベルに近い。下を書棚として膨大な蔵書を収めるとともに、窓に奥行きをもたせている。天井が高く、吹き抜け空間を天窓からの光が浮かび上がらせる。

5 2
3 1
6 4

1 南のゾーン。飛び石のまわりをダイコンドラがびっしりと覆う。2 赤い実を付けるヘビイチゴもグランドカバーに。鳥の糞から思いもよらない木や草が生えると、抜かずに育ててみることにしているそう。3 玄関ポーチにはコンクリートの塀と一体化させたベンチを造作。妻はヤマグワという大きな葉をもつ野草を抜かずに育て、日除けとして利用している。4 餌用に取り寄せたりんごを枝に挿し、鳥を待つ。「来てほしい鳥に限って、なかなか来てはくれないんですけど」（妻）。5 鳥の水場としてつくった池の金魚は、夫の足音に餌を期待して寄ってくるようになった。6 玄関前辺りから見る東のゾーン。この長いスペースは鳥が滑空するのに好都合。

2 1

1 鳥が立ち寄りやすいように、庭を囲むコンクリートの塀は通常より低めの設定だが、リビングの床も地盤より低いので周囲からの視線は程よく遮られ、空が望める。2 ソファもテレビもないリビングは一番落ち着く場所。冷暖房はベンチの背面の輻射熱冷暖房用のラジエータで行う。吹き抜けの上には寝室の内窓があり空気が循環する。

鳥を待つリビングでは
窓が主役、吹き抜けは名脇役

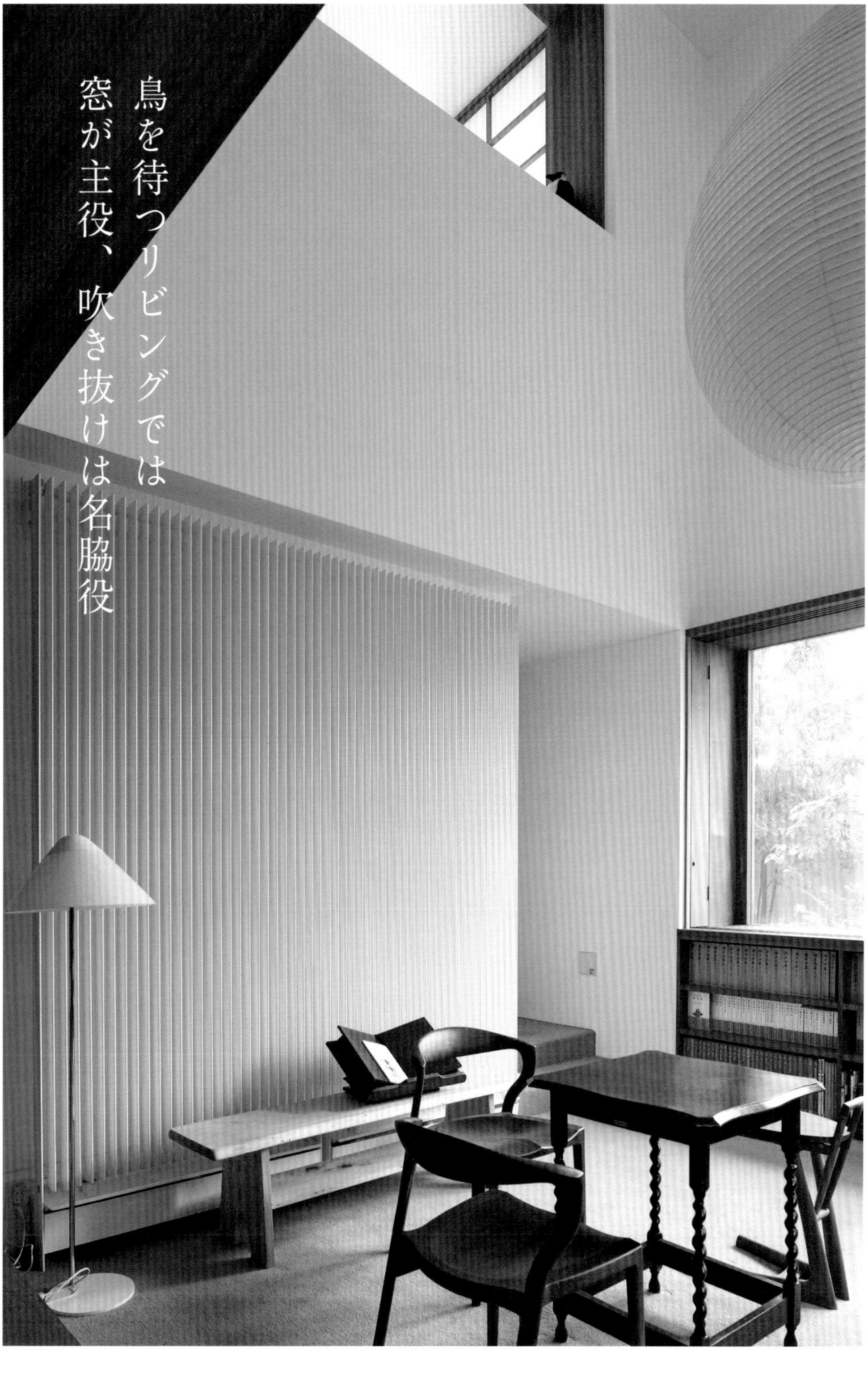

3　1
2

1 リビングから 2 段ほど床をスキップさせたダイニング。床材もカーペットからオークのフローリングへと切り替わり、ラワンも板張りに。2 キッチンからもリビングの窓を通して庭が見える。右側の造作棚には夫が蒐集している文房具のコレクションが。3 ダイニングからキッチンを見る。食器を入れる予定だったカウンター下の棚にも本がぎっしり入っている。夫の蔵書が多いので、家じゅうに書棚が造作されている。中には子どもの頃に読んだ本も。

寺田寅彦全集

「7～8年前こちらに暮らし始めたとき、くちばしと脚の黄色い鳥が歩いているのを見て名前を調べたのが、野鳥に興味を持ったきっかけです」と妻。それはムクドリというありふれた鳥だったが、妻にとっては突然意識に飛び込んできた「見たことのない鳥」だった。以来、それまで気にもとめなかった野鳥が目につくようになり、観察にのめり込んだ。

いつまでも借家暮らしでは落ち着かないと、同じエリア内で家を建てることになり、住宅地の一角を購入。建築家の八島正年さん・夕子さんに「鳥を呼ぶ庭」と「鳥を観察できる家」をテーマにと伝えたのは、前述の経緯からだ。妻は八島さんに『鳥を呼ぶ庭づくり』と題された本を手渡した。「鳥が来やすい庭には滑空しやすい長いスペースが必要で、庭を囲み過ぎてはいけません。猫やカラスに狙われやすい環境もダメ。小鳥が隠れられる大小様々の植栽と見通しのいい水場、実のなる木を用意しました」（八島さん）。

そこで、細長い敷地の南と東にL字型の空地を残した。南には小さな森。東には玄関までの長いアプローチ沿いに木を植え鳥の滑空スペースに。この庭を、二面に開いたリビングの大窓から観察する。床面を70cmほど地下に沈み込ませたのがポイントで、草むらに身を潜めるようなかっこうで鳥達に気

5 4 6 | 1 2 3

1 庭でのできごとや発見を報告し合う、夫妻の会話はエンドレス。2 妻は庭での発見をノートに書き留めている。イラスト入りで時系列を追った詳細な記録に、研究者の気質がちらりと覗く。3 天窓からの光がその瞬間にしか見られない光景をつくり、時間や季節の変化を視覚化する。4 リビングの障子を閉めると部屋は静的な空間に。5 2階の寝室からリビングを見下ろす。吹き抜けを通して空気が循環し、よどまない。6 リビングの窓には障子と経木すだれでつくった建具が用意されている。冬は木々の葉が落ちるので、鳥を脅かさないように経木すだれの内側からそっと観察するそう。

づかれず観察ができる。視線が地面に近くなるから、地上に降りて虫をつつく姿を間近で見ることも可能だ。
一部が半地下になるため、1階は鉄筋コンクリート造に。その上に木造で組んだ2階を載せる「混構造」だ。建物の角に柱のないL型の大開口は、この構造だから可能になった。リビングを半地下にする意味はもうひとつ。鳥を迎えられる庭の開放性と、観察できる建物の大開口、住宅地におけるプライバシーを成立させる方程式の解なのだ。床を下げた分窓も低くなり、周囲のコンクリート塀を低く抑えられている。

「この地域では放っておくとシイ、カシ、タブの3種類が生えるそうです」と妻が言うように、元々この一帯にあった林の植生が庭木選びのベースになっている。そこに妻が求めた鳥専用の実のなる木や、夫が望んだ花木を混在させた。庭への志向が異なる夫妻だが、植物や小動物に対する関心は共通する。最近のビッグニュースはスギの芽を発見したこと。近くに杉山はないので、おそらく客土に含まれていたのだろう。羽毛のように繊細な芽の横に「実生のスギ」と書いた札を立て、大切に見守っている。

家の中を好きなもので満たすぜいたく

4 3		2 1
6 5		

1 壁一面を棚が覆う書庫は夫妻の共有だが、蔵書のほとんどは夫のものだそう。奥は夫の書斎で、腰かけた低い目線から花木を集めた庭を楽しめる。2 玄関から書斎を見る。掛け軸にも鳥が。3 階段室にも天窓からの光を取り入れた。4 2階には3畳ほどの小さな和室も。客間として使う他、妻が仕事でウェブ会議を行うことも。5 朝の支度がバッティングしないように洗面台は2ボウルに。6 寝室にも腰高の書棚を設けた。寝る前に読みたい本を置くのに便利。棚の向こう側はリビング上部の吹き抜け。

Hさんの家と庭 ‖ no.2

敷地面積	256.2㎡（77.5坪）
延床面積	168.07㎡
	1F：92.09㎡　2F：75.08㎡
竣工	2018年
家族構成	夫婦
設計	八島建築設計事務所
施工	航洋建設
造園	イケガミ

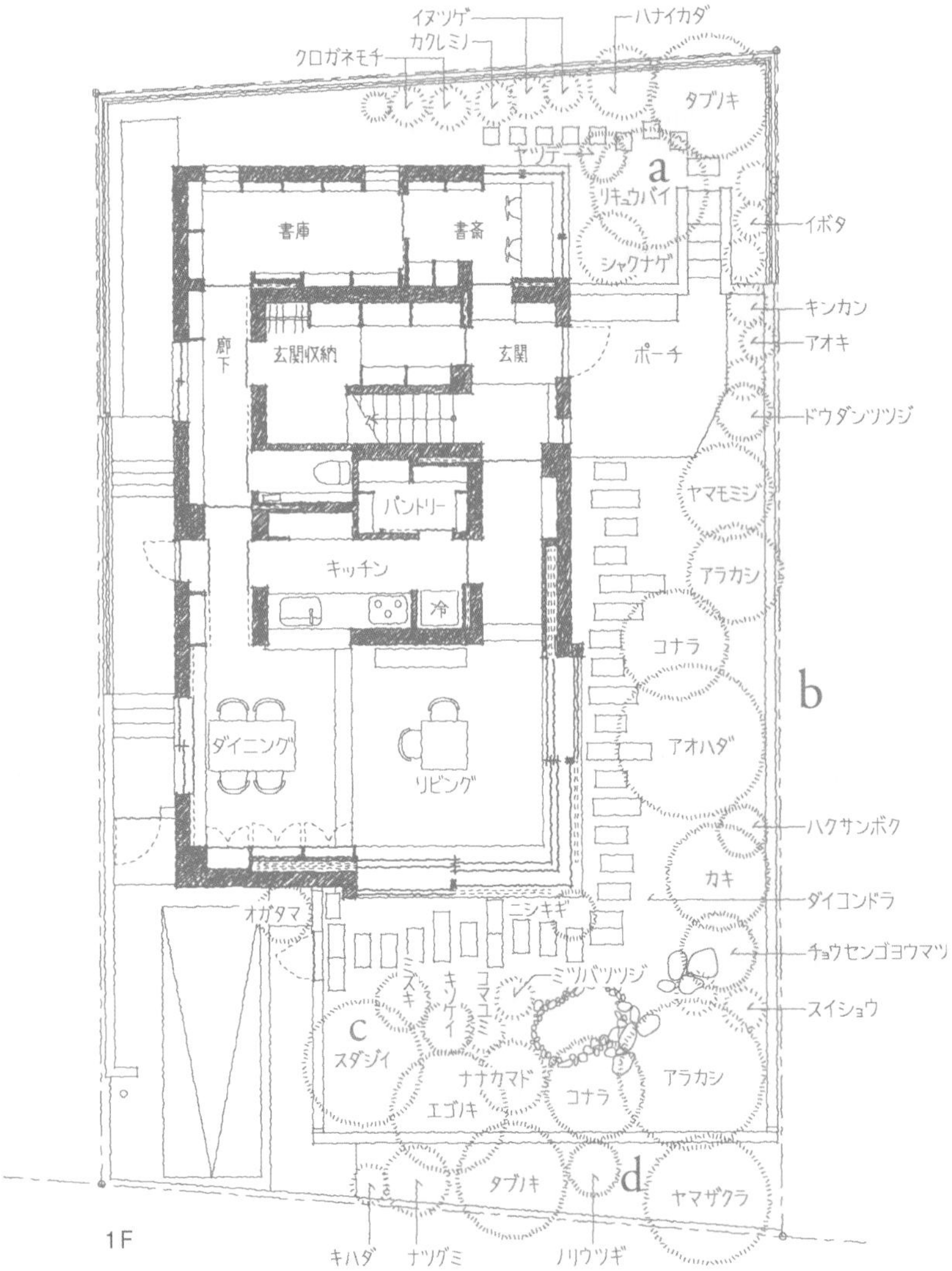

b 東のゾーン、c 南のゾーン

コナラ、アラカシ、アオハダ、ヤマモミジなど多種多様な落葉樹を植えて細長い雑木林を形成。花を楽しむ低木、シダ、ツワブキといった下草で豊かに構成。

エゴノキ

アラカシ

アオハダ

コナラ

ヤマモミジ

アオキ

キソケイ

ツワブキ

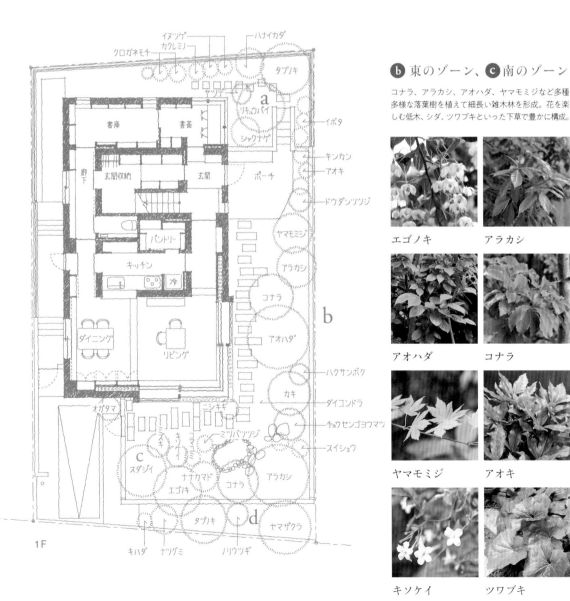

シャクナゲ
（撮影／Ｈさん）

リキュウバイ
（撮影／Ｈさん）

ボケ

イヌツゲ

ギボウシ

ヤツデ

a 書斎前のゾーン

夫の書斎前の一角は花木のコーナー。真っ白なリキュウバイやハナモモ、真っ赤なボケやシャクナゲなど。色鮮やかな花々を、夫はデスクに向かいながら眺めることができる。

奥まった場所にある玄関へと向かう長いアプローチ。庭をチェックしながら家に入る楽しい道のり。

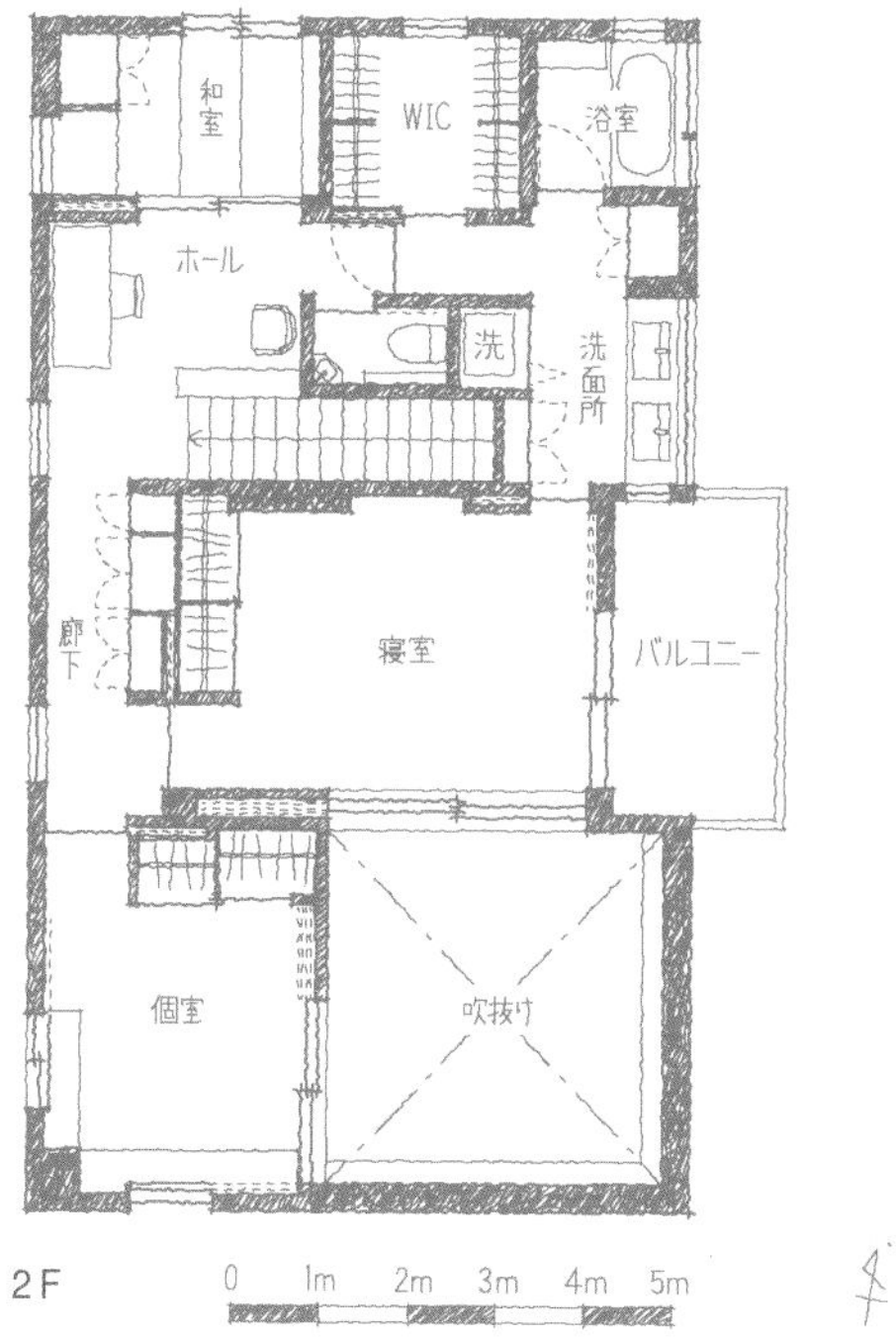

d 通り側のゾーン

シンボルツリーであるヤマザクラは、「古典文学に出てくる桜の姿を味わいたい」と夫が選定。タブノキはこの地域の植生から選んだ。ナツグミの真っ赤な実は鳥が食べに来る。

ヤマザクラ

ハシバミ

ノリウツギ
（撮影／Ｈさん）

タブノキ

ナツグミ
（撮影／Ｈさん）

ウメ

通りに面した塀の外側にも植え込みを設けた。塀内部の南のゾーンと合わさり、ひとつの雑木林のようになっている。

ガレージが通りとの間を隔てる中庭は、奥まった印象。車がないときも格子戸を閉めておけば落ち着きが出る。白い花はマルシャリンバイ、上から被さるのはヤマボウシの葉。

夫婦二人の暮らしを潤す大谷石の土間ホールと中庭

住宅地で目を引く、緑濃い一画がある。
竣工から9年を経て庭の木々は育ち、小さな雑木林となった。
プライベートな中庭も閉じ切らず、ルーバー越しに気配を流す。
庭が街と家とをつないでくれる。（埼玉県 S邸）

1 前庭では、アオダモとモミジが旺盛に枝を伸ばして木陰をつくる。外壁は、九州で採れる「シラス」という土を原料にした「そとん壁」。木ルーバーの奥はガレージ。2 そとん壁はランダムなコテムラを残した仕上げに。天然素材の持つ豊かで自然な表情は陰影によって深みを増し、緑を生き生きと見せる。3 木々の足元は、土が露出しないよう低木や下草を密植。4 中庭の砂利を、色別に集めて遊んでみた。砂利は雑草避けになり、手入れの手間を削減してくれる。5 妻の寝室の前には小さなウッドテラスを設置した。6 玄関へと向かうアプローチ。突き当りにもアイストップになる植え込みを施し、郵便受けを設置。右手奥に玄関がある。

6 | 1
5 4 3 2

3 | 1
  | 2

1 土間の階段ホールで窓を壁に引き込んで全開にすると、内と外の曖昧な空間が現れる。2 ガレージの奥は壁にせず、木のルーバーで柔らかく視線を遮りつつ庭の雰囲気を伝える。風通しも良くなり植物の健康が保たれる。3 横幅をたっぷりとった広い階段ホールは、床を大谷石の土間にして庭との連続感を強めている。左奥が茶室風の和室で、庭にも蹲《つくばい》を置いて茶庭の要素を添えた。

大谷石の床から庭へ
視線が抜ける
半屋外のような階段ホール

リビングからバルコニー越しに中庭を見る。妻が両親から受け継いだ古い家具や絵画がインテリアを構成する。ことさら室内に明るさを求めず、しっとりした陰影の中で暮らす。

土壁と板に包まれた
ほの暗い部屋で思索に耽る

室内の壁も外壁と同じアースカラーのシラス壁。リビング（手前）の天井はなだらかな曲面を描く。

ダイニングの天井は曲面天井のリビングと変化を付けて平面に。ピーラー（米マツ）の縁甲板張りと丸柱で領域を区切る。

4	1	
5		
6	3	2

1 階段ホールとLDKの仕切りはガラスなので、視界に広がりがある。2 リビングの天井の曲面とシラス塗りが光を吸収し、穏やかな陰影をつくる。音も柔らかく反響するそう。3 夫は多趣味で、そのひとつが音楽。ウイスキーグラスを片手に、古いアメリカ製のスピーカーでジャズを聴くのが至福の時。4 バルコニーから中庭の見下ろし。5 寝室前のウッドテラスで爽やかな庭の空気を味わう妻。6 中庭に面したガラス戸は引き込み可能。閉めた時も枠が見えないつくりになっている。左手は和室への出入り口。

この家ができたのは、9年前。前庭に植えられたカエデやアオダモはがっしりと幹が太くなり、旺盛な新緑の間からこぼれる光が、荒々しいコテ跡のついた土壁で踊る。

家を建てるとき、建築家に出した要望は3つだけ。夫婦それぞれに個室があること。リビングは広く。そして「庭を大事に」。以前住んでいたマンションの10階では、庭の代わりに観葉植物で満たしていた。「でも、やっぱり土の上でないとね」と妻は言う。若い頃から建築やインテリアが好きで、いつかは信頼できる建築家と自宅をつくってみたいと夢見ていた。

散歩しながら見つけたこの土地は開けた印象で、カッコウの声が聞こえてくるようなのどかさも残されていた。あれから家が建ち並び、風景は味気なく変わったが、S邸の庭は成長し一画に潤いを提供している。

「周囲に閉じられた家は息苦しいでしょう。だからある程度開いて、近隣の人達と緩やかに存在を感じ合えたら、お互い安心」と妻。アプローチの前庭はもちろん、ガレージに車がないときは通りから中庭の様子も垣間見える。スッと引き込まれるような奥行き感に、にじみ出る暮らしの気配。そんなささいな現象が街を豊かにすることを知り抜いた、建築家と造園家の共作だ。

朝、1階の個室から吹き抜けの階段ホールに出ると、地窓から中庭が目に入る。大谷石が敷かれたこのホールのゆとりを、夫妻はとても気に入っている。玄関から入ってきた来訪者が視線を向ける先も中庭だ。2階のLDKはほの暗く、妻が両親から受け継いだ絵画や古い家具がしつらえられている。どれもまるで50年も前からそこにあるかのようだ。バルコニー越しには中庭の樹々が。街に開いた印象の家だが、周囲からの干渉は巧妙に遮られ、静かな時間が保証されている。

昨年、この庭を手がけた造園家の荻野寿也さんに手入れをしてもらった。本格的な剪定は実に8年ぶりのこと。密になりすぎた枝が大胆に切り落とされると、風が通り軽やかになった。「こうして眺めると、やっぱりきれいですね」。夫は水やりの手を休めて目を細める。造園家の植えた植栽の隙間に、自分たちで植えたクレマチスやヤマアジサイが花をつける。「身近に自然があるのは、ぜいたくなこと」と妻。この庭の価値は、夫妻のみならず近隣の人にとっても大きくなってきている。

和のような洋のような
安らげる空間に宿る普遍性

4 3 | 1
6 5 | 2

1 玄関から階段ホールまで、大谷石の床が続く。2 2階階段ホールに天窓からの光が差し込む。3 玄関からアプローチを見通す。視線の先には常に緑。4 和室を通して見る妻の寝室。夫婦二人になった生活の中で、一人の時間を過ごす場所も大切にしている。5 玄関ポーチは、大谷石の床に木製のドア、アーチ型に繰り抜かれたそとん壁と、質実な材料による構成。6 2階のホールはドラマチックな光を楽しめる空間で、娘の成人式の記念撮影はここで行なった。

Sさんの家と庭 ‖ no.3

敷地面積	157.74㎡（47.7坪）
延床面積	145.81㎡（ガレージ除く）
	1F：64.95㎡　2F：80.86㎡
竣工	2011年
家族構成	夫婦
設計	伊礼智設計室
施工	自然と住まい研究所
造園	荻野寿也景観設計

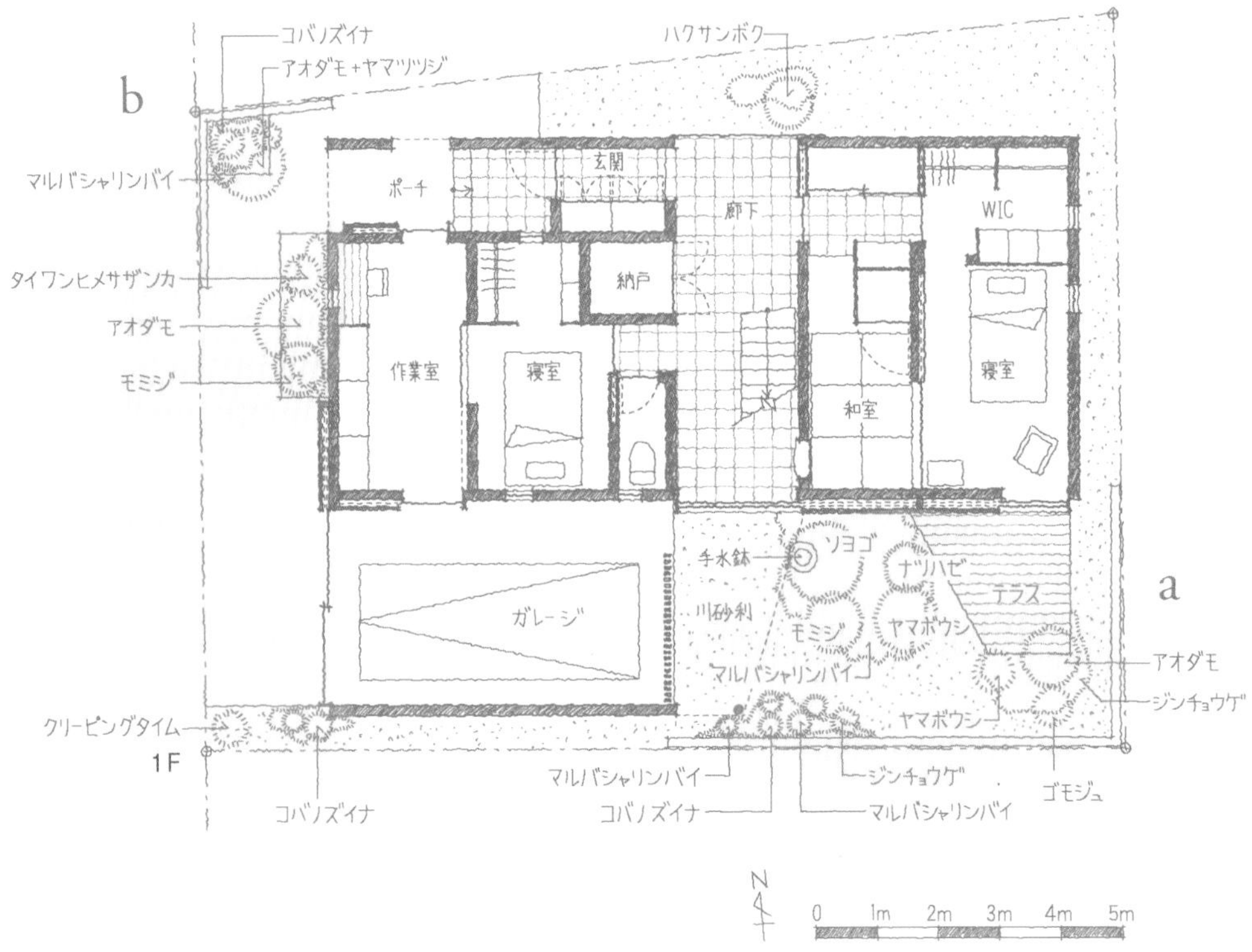

a 中庭

ガレージ側からウッドテラスを隠すように、モミジやヤマボウシ、ソヨゴ、ナツハゼで小さな林を形成。最奥の敷地角部分にも小さな緑の島をつくり、奥行き感を出している。土間ホールと和室の近くには蹲を置いて、路地風なつくりに。地面の露出を避けて砂利を敷き詰めた。

モミジ

ソヨゴ（撮影／Sさん）

ヤマボウシ（撮影／栗田信三）

ナツハゼ

アオダモ（撮影／栗田信三）

左から階段ホール北側の地窓と庭。隣地との境界に塀はつくらず、ハクサンボクやローズマリーを植えた。／中庭には小さな蹲を据えて。水場があると庭にしっとりした風情が加わる。／マルバシャリンバイとシランの花。緑が主体の植栽だが、折々の花が控えめな彩りを添えてくれる。／鳥や虫を集める庭は、ネコたちにとっても見飽きない風景に違いない。

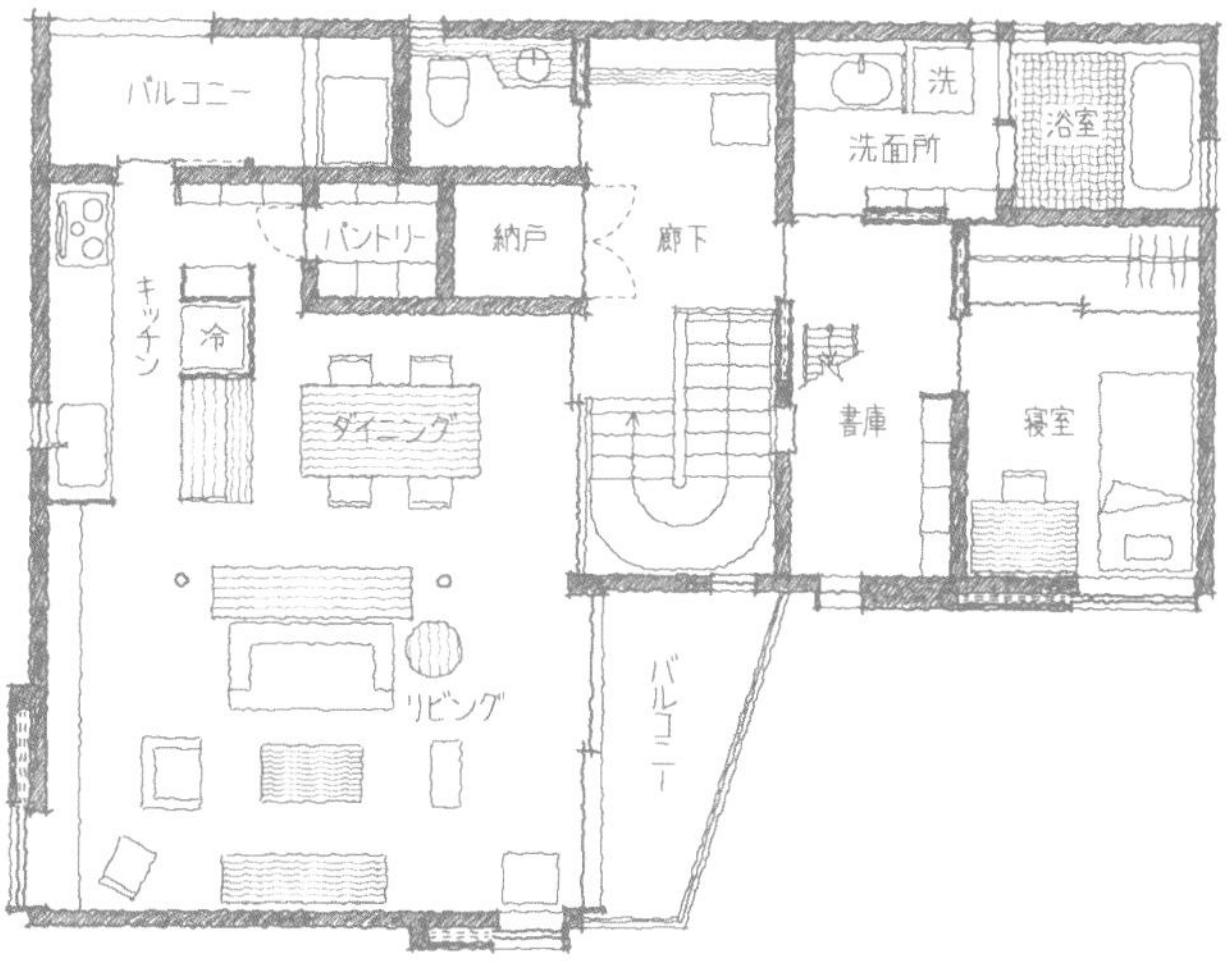

2F

シラン

クマザサ

b 前庭

外観との調和、通りからの見え方を重視した庭で、高木は落葉樹のアオダモとモミジ。低木として常緑で控えめな花をつけるマルバシャリンバイ、落葉のコバノズイナなどを配し、下草にはクマザサ、ササ、シランなど常緑で強健なものを添えた。

マルバシャリンバイ

コバノズイナ

アオダモ

モミジ

クリーピングタイム

緑と暮らす/no.04

地上の庭と天空の庭。今日はどちらで過ごそうか

緑に囲まれる暮らしを望んで手に入れた家。
3人の幼子を育てながら、
庭の手入れは正直、大変。
それでも水をやると途端に輝きを増し、
かえって活力をもらえる。
2階のカバードデッキも
中庭のように緑がいっぱい。
（静岡県 Y邸）

3　2　|　1

1 寝室に面した南側のバルコニーに一家が集合。4 年目を迎えた庭は、全体的に勢いを増して緑が濃くなってきた。2 リビング前の主庭に面したテラス。長女と長男は、庭にブルーベリーが実ると、我先にと口に運ぶ。3 2 階のカバードデッキは、ガラスの屋根が架かっているので、雨の日でも濡れずに部屋の延長として使用できる。花台とベンチがあることで奥まった落ち着きが出ていて過ごしやすい。

2 1
7 3
6 5 4

1カーポートの壁は閉塞感を避け風と光を入れるため一部をくり抜き、目隠しとしてその手前にヤマグルマの木を植えた。2通りに面したダイニングの窓にはウッドフェンスを立て、モッコウバラを絡ませた。だいぶ葉が茂り、ロールカーテンを下ろさなくても道行く人の気配が気にならないほどに。3玄関の上はカバードデッキで、花台に植えられたツルニチニチソウの蔓が伸びて垂れ下がり、外壁を飾っている。4 2階寝室前のテラスから主庭を見下ろす。天城ツツジとサンゴミズキはデッキに食い込むように植えられている。5種々の雑木が快適な緑陰をつくる。主庭は板塀でプライバシーが守られている。6鳥の巣箱を木につけると、シジュウカラが入った。冬は枯れ枝にみかんを挿して鳥を招く。7飛び石のまわりにはタマリュウやフッキソウを隙間なく植え込み、雑草の生える余地を少なくしている。

『この庭があるから ずっと家にいても 飽きないね』

3　4　5　｜　1　2

1 リビングから主庭を見る。上下左右に窓枠がなく、テラスと室内の床面が同一レベルでつながって視線がスッと抜ける。2 キッチンは隠す収納を徹底してすっきりとした見栄えに。3 キッチンとリビングの間につくった飾り棚には、自作したアジサイのドライフラワーをあしらった。4 紅葉したアズキナシの葉と実を使って長女がつくった作品を飾る。「アズキナシの葉は葉脈の間隔が均等なので『秤の目』とも呼ばれているんですよ」(夫)。5 キッチンからも庭がよく見える。「料理中もしょっちゅう目をやります」(妻)。

花を活けるのが好きな妻は、食卓にも草花を添えて。1.5m角の大きなテーブルは北海道の家具メーカー匠工芸にオーダーした特注品。

「これがアズキナシ、これがヤマグルマ」とテラスから指を差し、庭の木の名を淀みなく語る夫。この4年の間に、植栽の1割ほどが入れ替わったという。「植えてはダメになり、試行錯誤の連続。残るものだけ残ってくれればいいかな」。駐車スペースのトネリコは台風で枯れ、主庭の主役だったアズキナシはカミキリムシの被害に。しかし、ブルーベリーは毎年豊作で、常緑ヤマボウシは今年も満開の花をつけてくれた。

自然豊かな環境で育った夫は、いつかは緑に囲まれた家を持ちたいとの願いをかなえた。園芸会社に勤めていた妻は植物の知識が豊富で、子育ての合間に庭の水やりを引き受けている。

「サボると途端に植物に元気がなくなり、自分に余裕がなかったんだなと気付かされて。でもがんばって水やりをして植物が生き生きするとうれしいし、こちらも元気をもらえます」。

Y邸の敷地は南北に細長く、西面以外の三方を道路に囲まれている。建物は敷地の中央に配置し、南側にできたスペースをリビングから眺める主庭に、北側を駐車スペースにした。

「家のどこにいても緑を感じられるためには、庭を複数つくり、分散して配置すること」と設計を担当した村田淳さん。Y邸の場合、リビング前の主庭

以外に、2階にも「カバードデッキ」と名付けられた外部空間がある。ガラス屋根の架かるカバードデッキには花台があり、ムベやアケビといった丈夫な植物が植えられている。夫がつい買ってしまうという鉢植えの観葉植物も置かれ、緑豊かな天空の中庭といったところ。「ここにシートを敷いたり小さなテントを出したりしておやつを食べると、ピクニック気分を味わえて子どもたちの気分転換になります」と妻。両側にある個室もこのテラス向きに大きな窓をつけた。近隣の目を意識せず開放的に過ごせるのも、中庭的なテラスのおかげだ。

3人の子どもたちは7歳、4歳、10カ月とまだ小さく世話に追われる日々だが、ときには庭を見ながら朝ごはんをゆっくり食べたり、2階のカバードデッキでお茶を飲んだり。そんなちょっとした時間が、乾いた土に水が染み込むように夫妻の気持ちを和らげてくれる。テラスに新聞紙を広げて行う鉢物の植え替えには、子どもたちも参加。節目節目で手をかける習慣が、彼らにも少しずつ刷り込まれている。

1

4 3 2

1 ガラス屋根のカバードデッキでは、晴天時は青空を楽しめ、雨天でも濡れずに過ごせる。「ここで植物に水をやりながら、何も考えずに過ごすのが好きです」(妻)。2 カバードデッキを居心地よくしているのは、造り付けのベンチと窓台の緑。3 幅が広く明るい2階のホール。段差は子どもたちがはしゃぐステージになることも。4 階段上のルーバーに妻が編んだマクラメで植物を吊るすと、程よい日当たりで元気いっぱいに育っている。

戸を開けたら緑が「お帰り」と言ってくれる

3	2	1
5	4	

1 玄関ホールからもダイニング越しに主庭が見える。2 玄関からポーチを見たところ。ベンチは腰掛けたり荷物を置いたりするのに便利。深さのあるポーチでは風雨の強いときも濡れずに鍵を開けられる。3 玄関内部。明かり採りの小窓にも防犯用のルーバーを付けて万全に。4 天窓からの光で明るい階段室。直射を和らげるルーバーが光を拡散させる。5 寝室は南に面した一番日当たりのいい場所に。

Yさんの家と庭 ‖ no.4

敷地面積	178.87㎡（54.1坪）
延床面積	119.23㎡
	1F：52.51m² 2F：66.72m²
竣工	2016年
家族構成	夫婦＋子3人
設計	村田淳建築研究室
施工	大同工業本社
造園	高松造園（協力：駿河庭園）

a 前庭 1

建物北側の駐車場にも、素っ気ない印象を与えないように植栽を施した。カーポートの開口部を塞ぐような植え込みと、隣地との境界にもジャスミンやミツバツツジを植え、アジサイの鉢を置いた。

ヤマグルマ

ドウダンツツジ

ハゴロモジャスミン

ヒョウタンボク

ビルトインカーポート外壁に開けられた開口部をふさぐような植え込みは、内外両面から楽しめる。

c 主庭

アオハダをメインに雑木のしっとりした和風の庭を構成。ツツジ、シャクナゲなどの花も楽しめる。最初に植えたアズキナシの木がカミキリムシの被害で小さくなり、アオハダを追加で植えた。

ナツツバキ

ブルーベリー

サンゴミズキ

アズキナシ

アオハダ

常緑ヤマボウシ

b 前庭 2

建物と道路の間の細いスペースにも緑を植えた。ダイニングの窓を覆う木ルーバーにはモッコウバラを絡ませ、目隠しに。道を歩く人も花を楽しめるフジザクラ、香りを楽しめるクチナシを添えた。

モッコウバラ
（撮影／村田淳）

玄関ポーチへのステップには天然石を用い、伊勢五郎太（石）、ナルコユリやヒマラヤシーダなどの下草で縁取り自然な景観に。

クチナシ

ナルコユリ

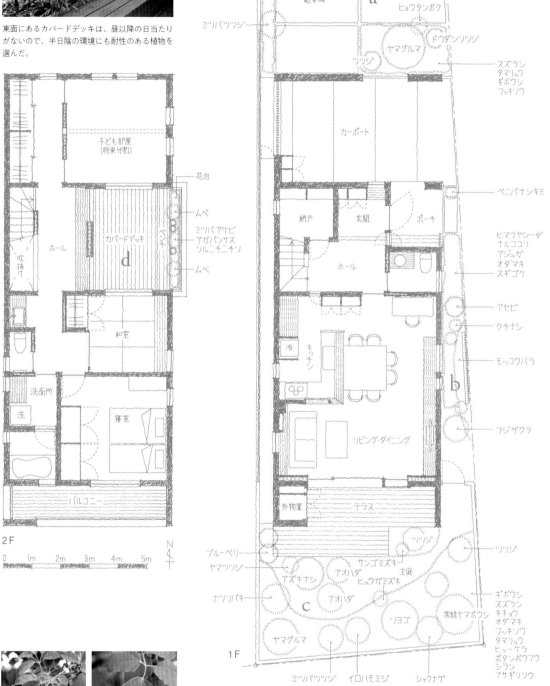

東面にあるカバードデッキは、昼以降の日当たりがないので、半日陰の環境にも耐性のある植物を選んだ。

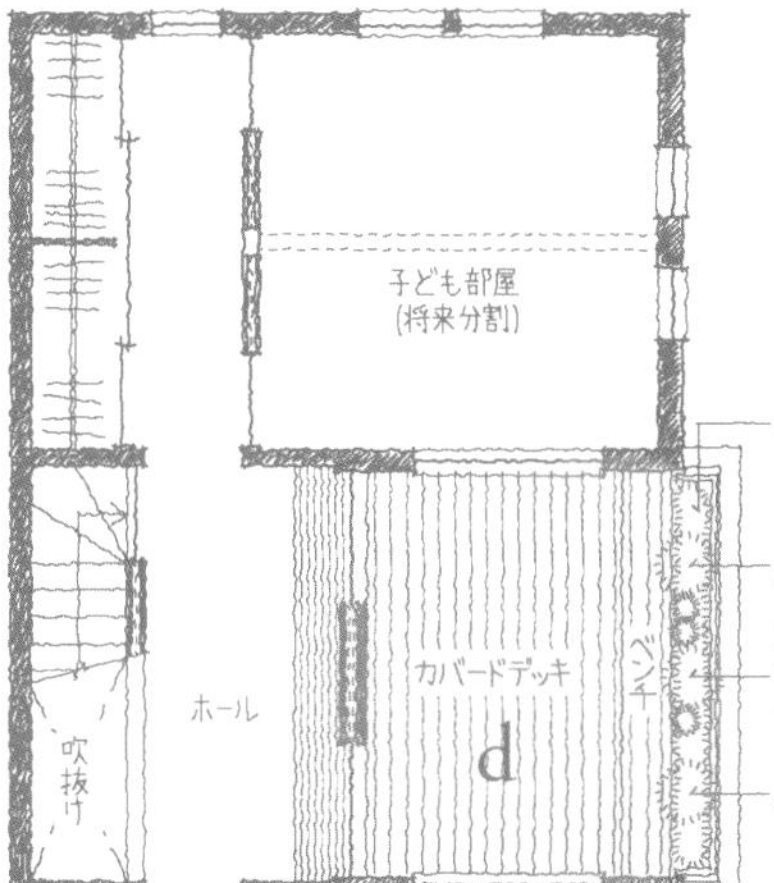

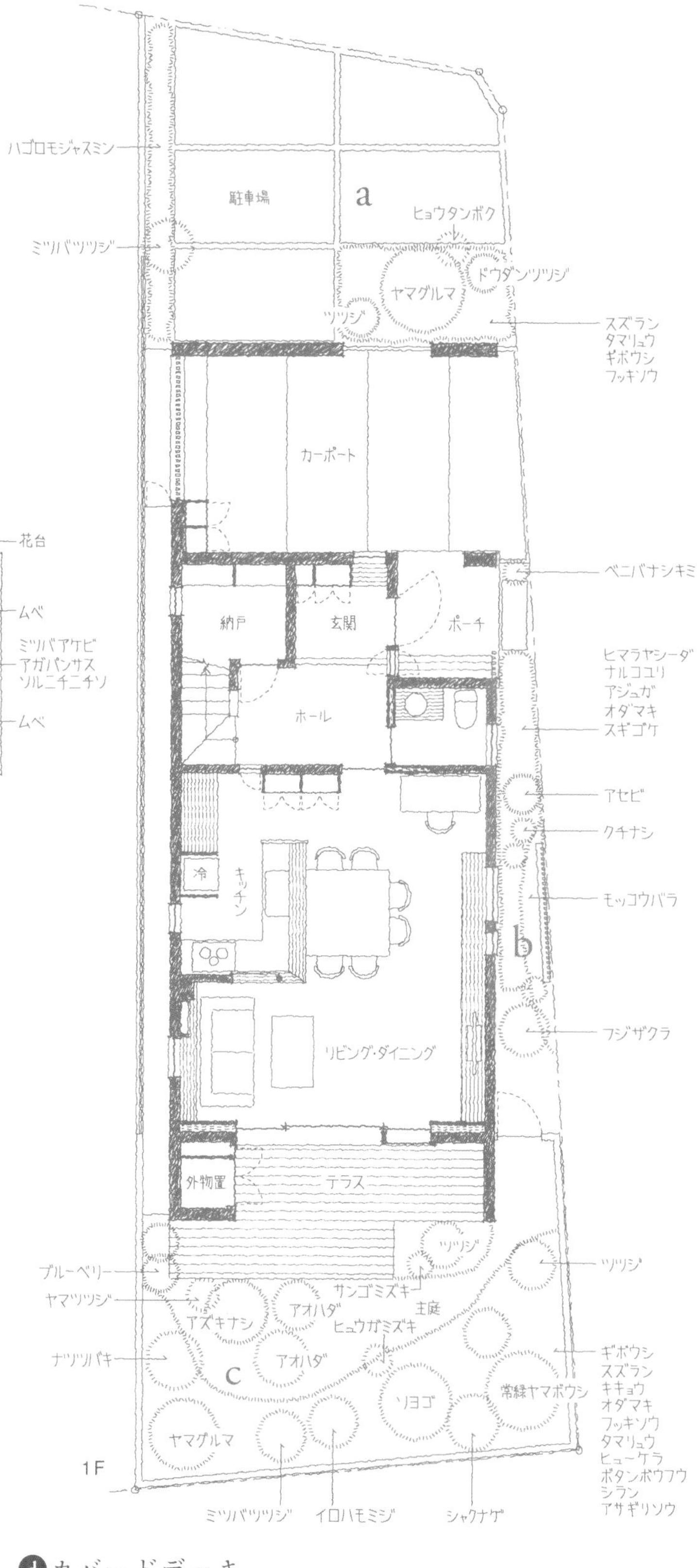

ムベ

ミツバアケビ

d カバードデッキ

花台には、ムベとアケビ、ツルニチニチソウ、アガパンサスといった耐暑、耐寒性のある丈夫な植物をセレクト。ツルニチニチソウの蔓が垂れ下がり、外壁を彩る。

緑と暮らす/no.05

木漏れ日揺れる2階のテラスと観葉植物に憩うリビング

若い夫婦が家を構えた。
1階は閉じ、2階に開く家。
2階に巡るパーゴラテラスは
庭のアオダモと抱き合うように交錯する。
部屋を好みにしつらえる歓びを発見した夫。
待ち望んだ新たな生命を迎え入れ、
家族は新たな章へと歩みを進める。
(栃木県 近藤邸)

3 | 2 1

1造園家の発案でテラス床を一部くり抜き、2階の屋根より背の高いアオダモを下から貫くように植えた。2 2階のテラスで憩う近藤さん一家。長女はまだ生まれたばかりだ。パーゴラとアオダモが交差して、林の中の別荘のようなイメージに。3 玄関はハングさせたパーゴラテラスの軒下にある。いわゆる玄関ポーチはなく、天然石の飛び石とグランドカバーのクリーピングタイムで野趣豊かに構成。駐車場からの視線を意識して、1階南側にはほとんど窓を付けていない。

2

3

1

1ダイニング・キッチン。梁を露出させた吹き抜け上部には、南北両面に高窓が設けられている。大きな空間を覆うように枝を張り出す観葉植物はシェフレラ。2駐車スペースを兼ねる南側のスペースは、路面を洗い出し仕上げにした園路風のデザイン。両側に植栽を入れることで自然な景観がつくられている。3テーブル上のペンダントライトは、フィンランドで買い付けてもらったユハ・レイヴィスカ「JL341」。傘の直径が60cmと大きいが、空間が広いので程よく感じられる。

吹き抜ける風と
窓からの光
室内の植物も
喜ぶ空間に

室内は隅々まで整然と整い、作家ものの家具や装飾品、観葉植物で飾られている。近藤家は、夫の武宏さん、妻の茉莉子さんと長女の雫ちゃんの3人家族。建築家・関本竜太さんの設計で、家族の歴史を刻むためのマイホームを建てたばかりだ。

敷地の周囲は広い駐車場で、日当たりと風通しは申し分ない。建物の南側に設けられた庭は、2台分の駐車スペースでもある。路面は曲線を描く園路のように仕立てられ、両側を豊かな植栽で彩られている。主木は背丈が2階の屋根をゆうに超えるアオダモ。しなやかな枝が風に揺すられ、2階テラスを囲む木ルーバーとともにスクエアな外観を和らげている。

1階は寝室や書斎などプライベートなゾーン。南側に開くのは玄関だけで、庭向きの大きな窓はない。駐車場に出入りする人からプライバシーを守り、落ち着いて暮らすためだ。2階に上がると、吹き抜けを持つワンルームが広がる。抜けのある東と南の二面に大きな窓が連続し、愛犬テトが走り回るためのテラスが巡っている。

庭木の1本は、テラスの真ん中を貫くように植えられた。これは造園家・荻野寿也さんのアイデアで、木が窓やテラスのすぐ近くにあることで、林の中にいるように感じさせる効果を狙った。2階にいると、窓から見えるのは空と梢の緑だけ。「木の葉が揺れるのを眺めては、ほうっとため息をついています」と特にキッチンからの眺めが気に入っている茉莉子さん。2カ月前に生まれたばかりの長女・雫ちゃんの世話に明け暮れる中で、ふと肩の力が抜ける瞬間だ。「ダイニングでテラス側を眺めていると、どこかの別荘か田舎の宿に遊びにきているように感じます」と武宏さんも言う。

気候のいい時期はテラスのテーブルで朝食やティータイム、夕食をとることも多い。「スタイリッシュな中にも温かさがあるところがいい」と武宏さんが評する関本さんの空間は、夫妻が隠し持っていた暮らしのセンスを引き出したようだ。茉莉子さんは、武宏さんが観葉植物やインテリアへのこだわりを見せたことにびっくりしたという。この家に住むまでは気付かなかった才能だ。茉莉子さん自身にも変化があった。「元々片付けが得意ではありませんでしたが、不思議と苦ではなくなりました」。

結婚後すぐ理想の住まいで暮らし始めた夫妻と、生まれたときから恵まれた環境で育つ雫ちゃん。絵に描いたような幸せ、とはこのことだろう。

4

3 2 1

1 静けさを楽しむ週末、武宏さんはキッチンを背にする定位置に座り、高窓から空や木を眺める。2 愛犬テトが自由に走り回れるようにとつくったテラスに、小さなテーブルを置いて。ここでお茶や食事をすると気持ちがいい。3 外壁はザラッとした質感の吹き付け仕上げ。テラスのルーバーは耐候性処理を施したレッドパインで、ナチュラルな雰囲気。4 アオダモが貫入するパーゴラテラス。観葉植物やベンチを置くとより居心地が良くなった。

1階は閉じて2階を開く
明暗のメリハリも効果的

3　2　1
4

1階段を下りた突き当りに玄関が見える。腰壁を薄くして階段上の空間を広げ、2階からの光を1階に届ける。2リビングの一角には薪ストーブのコーナーをつくった。床はタイル、天井は米ツガ、壁には地元栃木で産出する大谷石を張り、ノルウェー・ヨツール社の薪ストーブを置いて。3キッチン横にはデスクスペースがある。その左手にはパントリー。4キッチンはすべて造作。冷蔵庫置場にも扉を付けて異質感を消去。

木や石の表情を引き立たせる直線的なデザイン

4		1
		2
6	5	3

1廊下から玄関を見る。玄関には冷暖房の効率を上げるため、ガラスの間仕切りを設置。2庭に敷いたのと同じ「棚倉石」を玄関ポーチにも連続させて、静かな中にも野性味を添えた。3 1階の主寝室はごくシンプルに。ベッドサイドの照明はヤコブソンランプ。右奥にウォークインクローゼットがある。4リビングの横にある洗面所。洗面カウンター下にトイレも組み込まれている。トイレを使う時はカウンターをはね上げて。5開放感のある階段から愛犬テトがのぞく。スチールの手すりが軽やか。6浴室はハーフユニットバスで、壁・天井に張られたベイヒバとヒノキが爽やかに香る。

近藤さんの家と庭 ‖ *no.5*

敷地面積	141.11㎡（42.68坪）
延床面積	118.86㎡
	1F：59.35㎡　2F：59.51㎡
竣工	2019年
家族構成	夫婦＋子1人
設計	関本竜太／リオタデザイン
施工	COMODO建築工房
造園	荻野寿也景観設計

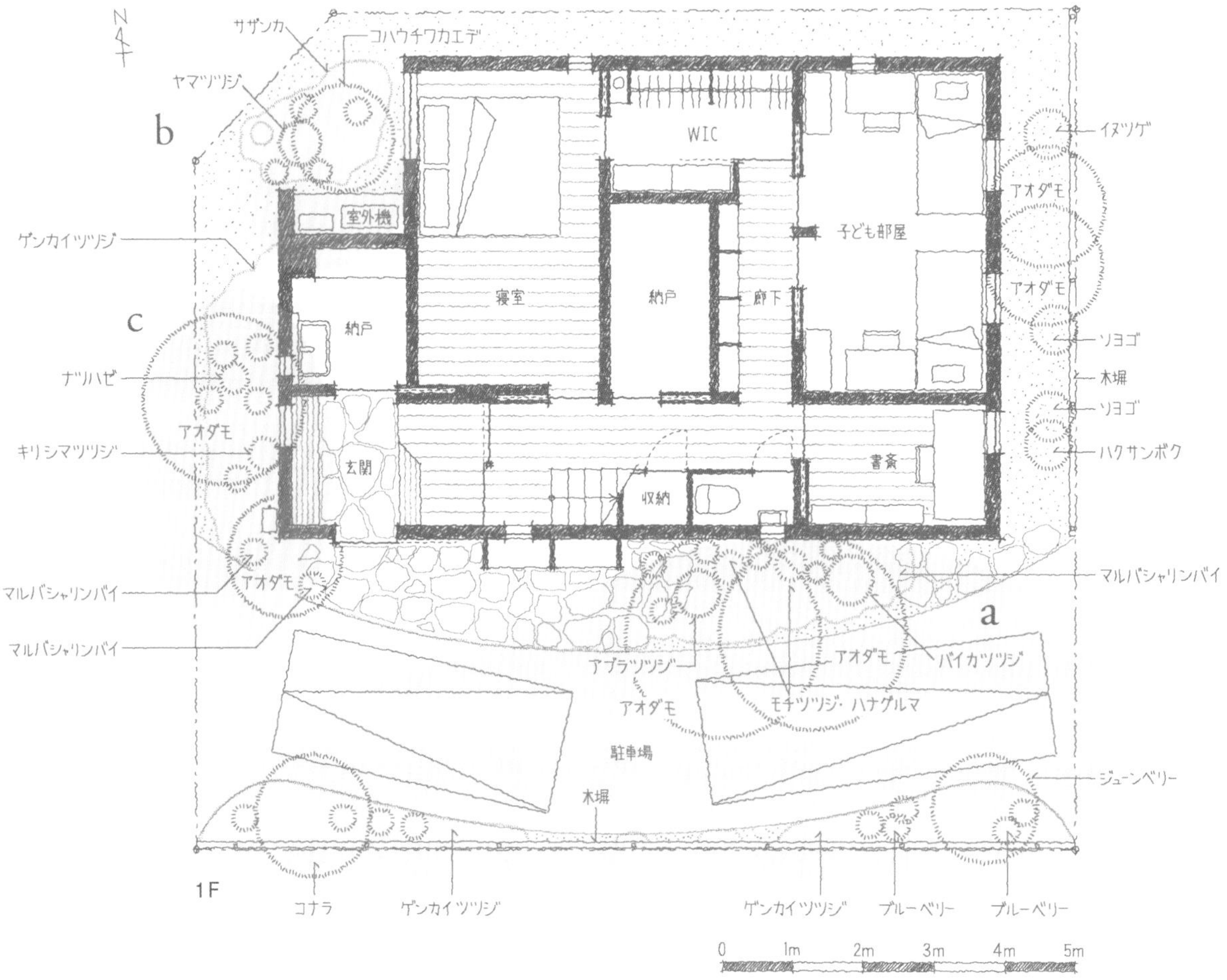

サザンカ

ヤマツツジ

コハウチワカエデ

b 角の植え込み

建物に凹みをつくって、エアコンの室外機を2台収めている。それを見せないように、手前に植え込みをつくった。塀で囲むよりも和らいだ印象をつくることができる。

アオダモ
（撮影／栗田信三）

コナラ

ブルーベリー

クリスマスローズ

園路風に仕立てた駐車スペースはジャミコンクリート洗い出し仕上げ。車が停まっていないときも無機質にならず、植栽となじんで自然な景色をつくる。

ジューンベリー

ⓐ 前庭

駐車場を兼ねる庭で、路面は洗い出し仕上げとして車がないときも自然な景観になるよう配慮。塀際より建物寄りに植栽を多く植え、メインツリーのアオダモを２階テラスに貫入させている。玄関前には棚倉石を敷き詰めた。

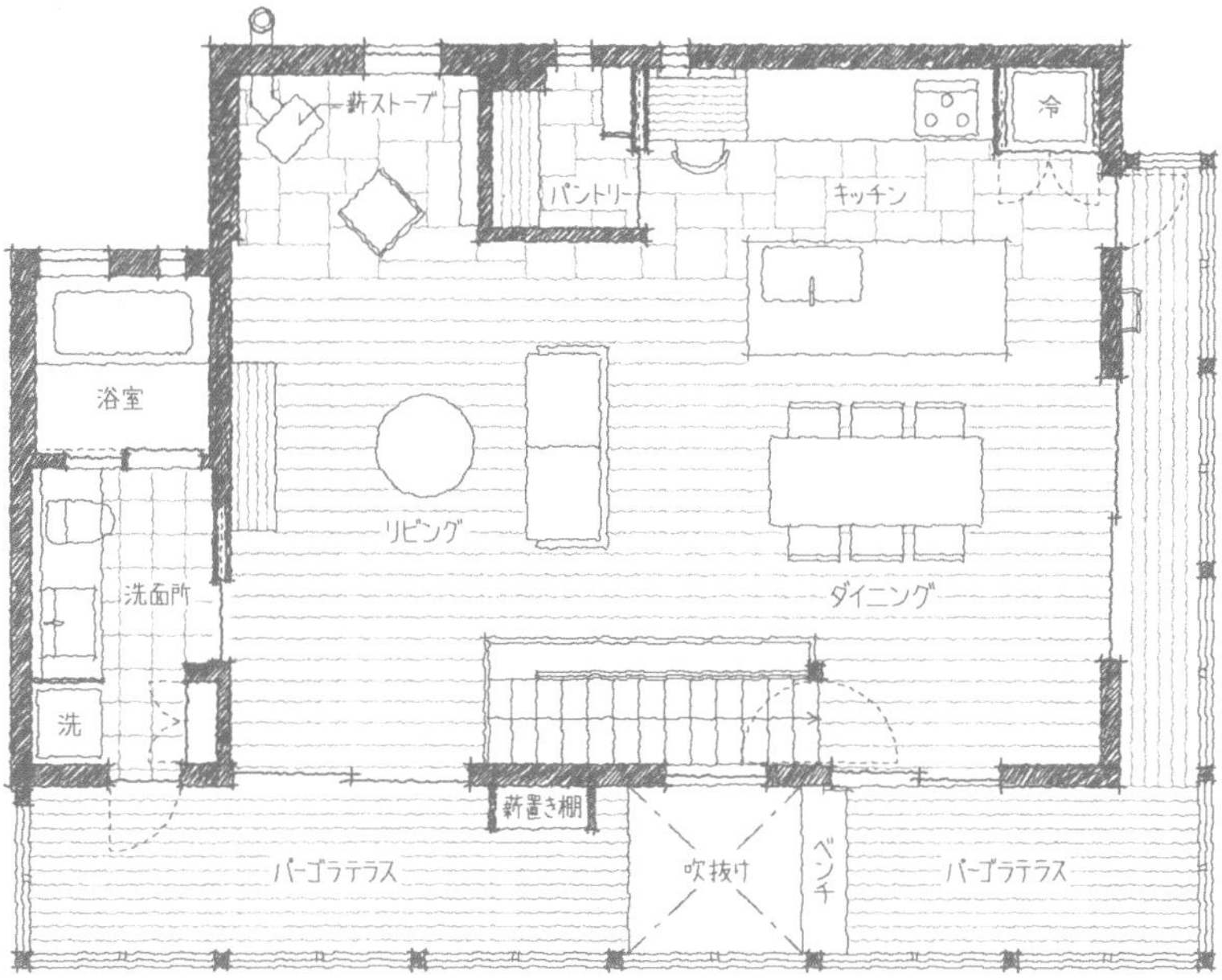

2F

アオダモ

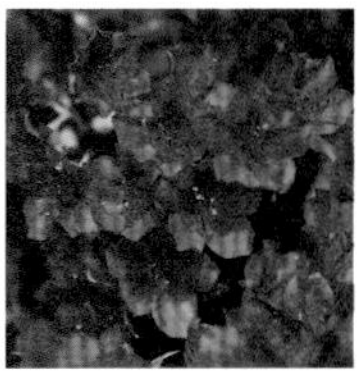

キリシマツツジ

ⓒ 横の庭

道路に面した西側は塀をつくらず開放して、植栽で柔らかな結界を築いた。高木は落葉樹のアオダモ、低木には花色の鮮やかな数種のツツジ類などの常緑樹を合わせた。

北東角は室外機置き場前に植栽を添えて目隠しし、無骨になるのを避けた。塀を立てるより柔らかい印象で、親しみを感じられる。

ナツハゼ

アジュガ

マルバシャリンバイ

ゲンカイツツジ

緑と暮らす／no.06

生火の温もりと木々の姿に癒やされ力をもらう

大きな窓から緑を眺めて暮らしたい。
寝に帰るだけの場所だった「家」の定義は
歳を重ねるごとに意味を深め、
そこで過ごす時間を味わいたいと願うように。
薪ストーブの炎に心はほぐれ、
木々のたくましさが明日の英気を養う。
（千葉県 M邸）

薪ストーブの前は愛犬玖留《くる》の定位置。引違いのサッシの中央の枠と薪ストーブの煙突を重ねることで、枠の存在が薄れ庭の景色のじゃまにならない。

庭と部屋の曖昧な境界
林の中に座るような
この空間をただ味わう

3　　2　1

4

1ヒメシャラの坪庭越しに主庭を見る。2主庭から土間とリビングを見る。手前に見えるのはアオハダの幹。ウッドチップを敷き詰めて雑草を抑える。3玄関からリビング土間へとタイル張りの床がフルフラットに連続。坪庭と庭が重なって見え、奥行きを感じさせる。4株立ちの木を多く植えた、雑木林の小径のような主庭。フェンス際に薪棚をつくり2年分をストック。

3 | 1
2

1 土間に沿って掃き出し窓が連なり、ワイドな眺めをつくる。主庭は少し高めのウッドフェンスでプライバシーが守られている。2 リビング上部は高い吹き抜けに。薪ストーブの暖気が立ち上り、2階も暖めることができる。寝室と吹き抜けをつなげる小窓をつけた。右奥がキッチン。3 土間に沿って坪庭にまで視線が通る。薪ストーブは、シンプルでガラス面の大きいデザインが気に入って選んだヨツールのもの。

朝、土間に腰を下ろし
ぼんやり外を眺める。
一日を始める助走の時間

4 | 2 1 / 3

1 コの字型のカウンターに囲まれたキッチンは、作業スペースが広くて料理しやすい。2 土間の一角にはデスクを造り付けた。ちょっとした書物などに使用する。3 リビングから階段方向を見る。階段下には収納と愛犬のハウスを組み込んだ。4「造園家さんは、10 年後の庭の姿をイメージしてデザインされたんでしょうね」と妻。木漏れ日がテラスと土間に落ち、天候の変化を知らせる。

パチパチ燃える薪ストーブの向こうに、雑木林の庭。これ以上安らげる光景があるだろうか?「玄関の白い漆喰壁に木の影が写る光景が気に入っているんです」と、夫はスマートフォンで写真を示す。「若いころは寝に帰るだけでしたが、家で過ごす時間が増えると、大きな窓から緑が見える家に住みたいと思うようになりました」。この敷地を選んだのは公園の森に近いから。「建物をなるべく北に寄せて南側に庭を取るのがオーソドックスなやり方ですが、それでは隣の家に面と向かってしまい、森も見えにくくなります」。建築家の松本直子さんは、ひし形を歪めたような不整型の土地に、建物が森に正対するよう斜めに振って配置した。すると南東側に森へと連なる三角形の奥行きを持った庭ができる。

雑木林のような庭を歩きながら、妻は話す。「造園家さんが、木は三年経つと形になるよとおっしゃって。今、二年目ですが、去年とは全然違うんですよ、下草の勢いや木の枝ぶりが。木の健康状態に一喜一憂したり、虫がついたと驚いたりできるのも、庭があるからこその楽しみですね」。

この庭の眺めを抱くようなリビングは、床座のスタイル。玄関からフラットに連なるタイル敷きの土間が庭との間に横たわり、薪ストーブが置かれている。松本さんは土間にした理由をこう説明する。「土間は、縁側より土に近い感覚で一体感が高まります。床座なので、薪ストーブを見上げるような位置関係だと落ち着きませんが、土間に置けば火が目線に近くなるし、縁に腰掛けて火に向き合うこともできます」(松本さん)

夫は朝、スクリーンを上げつつ地面で苔が潤っているのを確認。上まで巻きながら木に虫がいないかと視線を滑らす。テラスの際に植えられたアブラツツジは、夫が樹形を気に入って選んだものだ。「スッと伸びた木よりも、ゴツゴツ曲がりくねった姿の木に惹かれます。光を求めたり強風に耐えたり、環境に応じて生きるためにつくられた枝振りは力強くて、眺めていると英気を養われるような気がするんです」。昨年の台風では、どの木も強風を受け折れんばかりにしなったが、まったくの無傷だったコナラの強さに勇気づけられたという。「しなやかに、強く生きよ」。木々に背中を押され、今日も前を向く。

5 6 | 2 1
7 | 4 3

1 2階の廊下から、左手が吹き抜け、突き当りに書斎。2 老齢に達した愛犬を2階のケージまで抱いて上り下りしやすいよう、階段の段差は緩やかに。3 2階の廊下から、吹き抜け越しに公園の森を望む。4 吹き抜けに面した寝室の小窓は、引き戸で開け閉めを調整可能。5 広い玄関の収納カウンターに、夫は観賞魚の水槽を置くつもりだったが、庭の手入れを始めると生き物を飼う必要を感じなくなったという。代わりにレコードプレイヤーが置かれ、音楽を聴いて過ごす場所になった。6 玄関ポーチ。正面に植えられているのはソヨゴ。スギ板張りの外壁と色を合わせたウッドフェンス。7 自転車を置くために広くした玄関。書斎用に購入した椅子はここで使うことに。腰掛けてレコードに耳を傾け、庭を眺める。

Mさんの家と庭 ‖ no.6

敷地面積	227.35㎡（68.77 坪）
延床面積	94.76㎡
	1F：50.84㎡　2F：43.92㎡
竣工	2018 年
家族構成	夫婦＋犬
設計	松本直子建築設計事務所
施工	中野工務店
造園	庭相

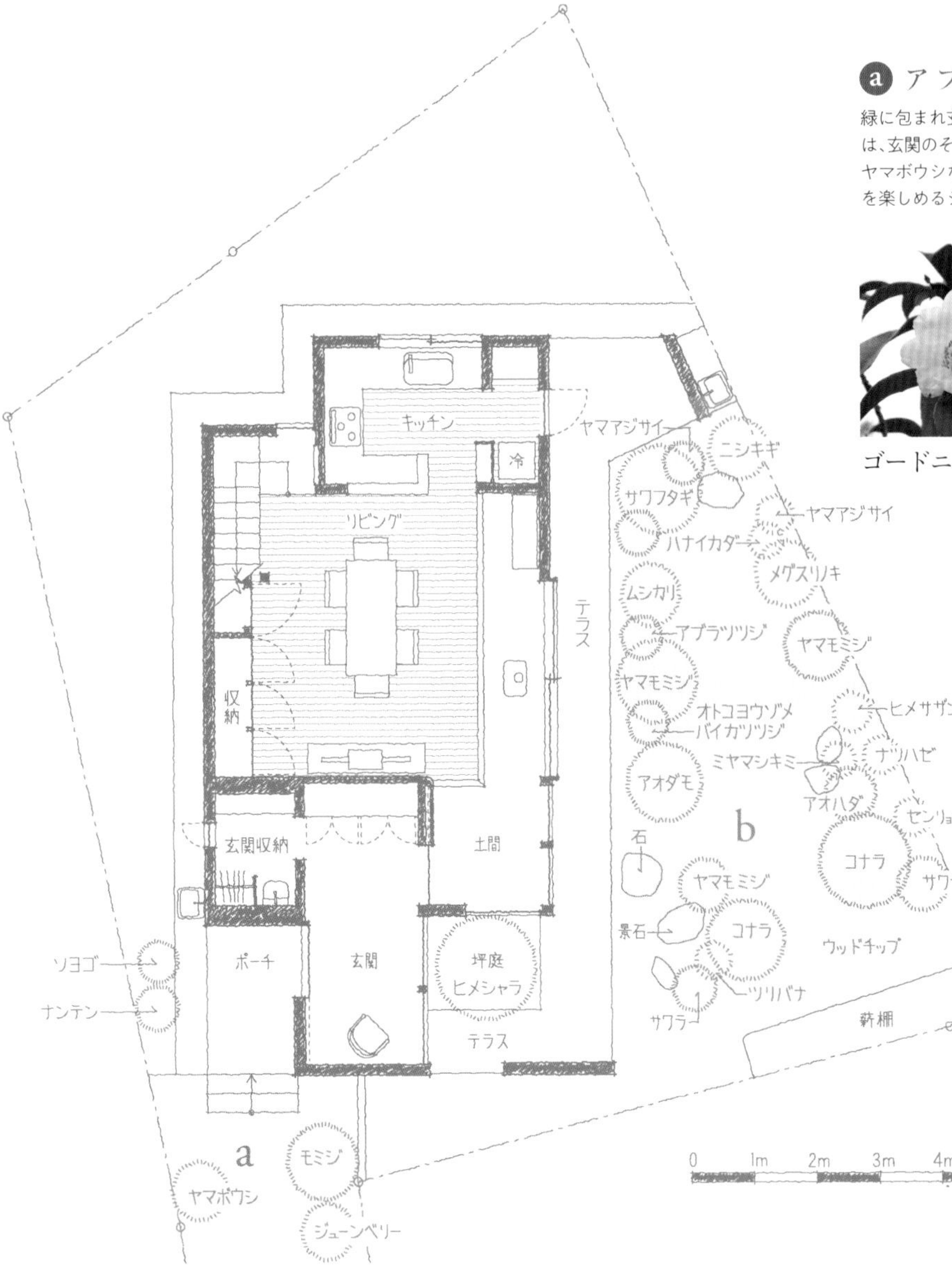

a アプローチ

緑に包まれ玄関へと向かうアプローチ。長い路地では、玄関のそばに植栽エリアを確保。イロハモミジ、ヤマボウシなどを左右に植え、緑のアーチに。収穫を楽しめるジューンベリーやブルーベリーも。

ゴードニア

ジューンベリー

モミジ

ヤマボウシ
（撮影／栗田信三）

右：赤くつるりとした幹が特徴のヒメシャラと苔・シダで構成した坪庭。左：ウッドフェンスで囲まれた主庭。木の根元を覆うフウチソウが島のように点在。

b 主庭

三角形の庭をやや高めのウッドフェンスで囲み、フェンス際とテラス際に植栽を配して雑木林をつくり、中央を空けて長い小径に仕立てた。下草で木々の足元を覆い、まわりの地面にはウッドチップを敷き詰め雑草除けに。

アブラツツジ

ガマズミ

サワフタギ

サワラ

ニシキギ

フウチソウ

ミヤマシキミ

ムシカリ

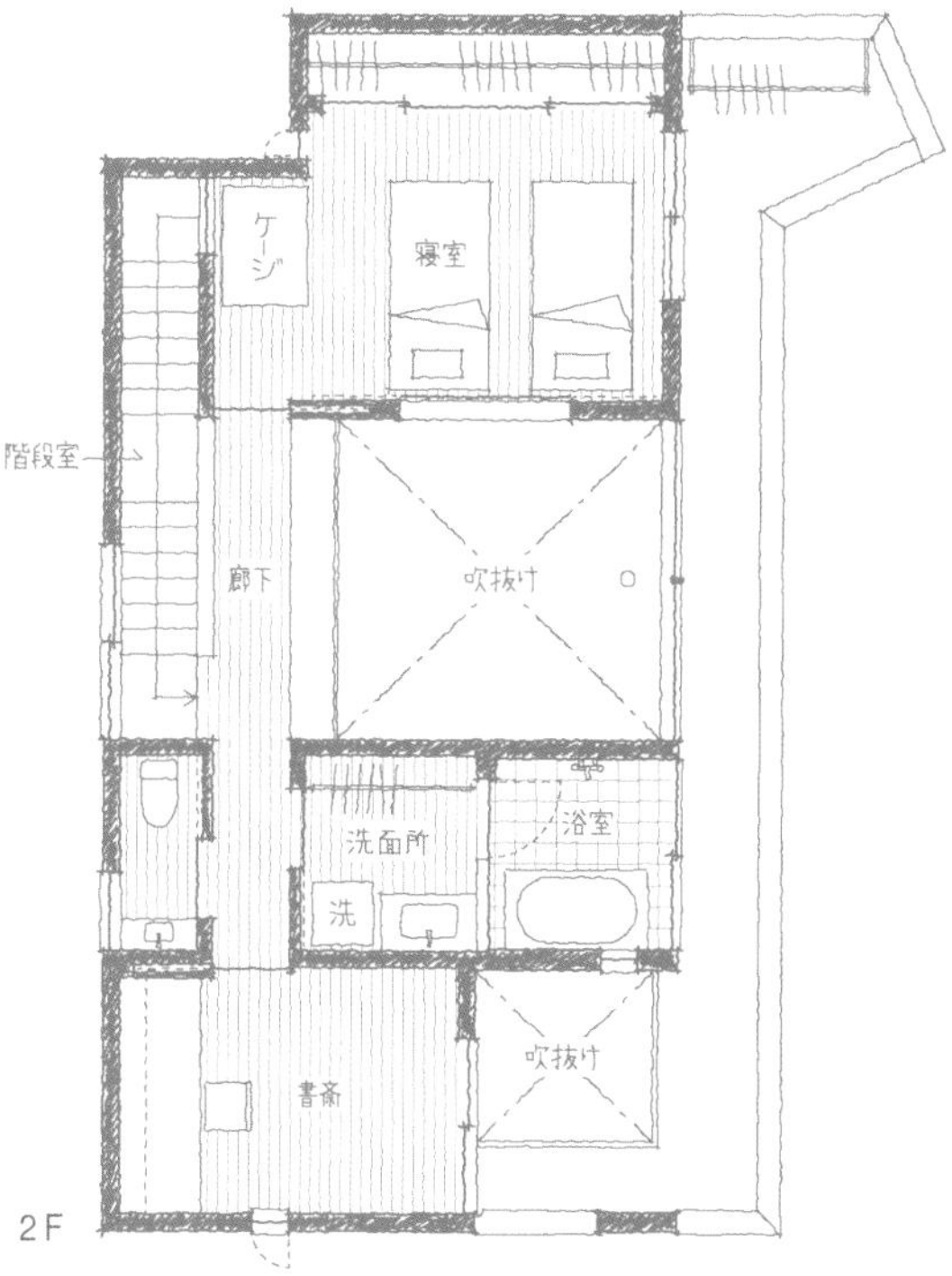

緑と暮らす／no.07

ルーバーの描く繊細な陰影と絵画のような庭

夫は父から受け継いだ実家の地に、新しい家を建てた。来客を意識したリビングの大窓では、窓を額縁にして庭を切り取り、季節や天候により木製ルーバーで明るさや開放性を調整する。日常的にはダイニングの窓から身近な庭に親しむ。（東京都 T邸）

２階からリビングと庭を見下ろす。中央のガラスははめ殺しで、左右が通風用の窓。瓦や飛び石を慎重な計算の元に配置した和の趣の庭が奥行き感をより深めている。

6 | 1 / 3 2 / 5 4

1 東と南が接道する敷地で、こちらは駐車スペースを設けた東側の外観。高さを抑えた切り妻の面と玄関部分が見える。2 スギの小径木の表面を焼いて耐久性を高め、鉄骨の支柱に落とし込んだ木塀。敷地の高低差に合わせて落としこむ丸太の数を増減し、高さを調整している。3 駐車スペースの植栽越しに玄関を見る。玄関は木製ドア＋風通窓＋採光窓の組み合わせ。4 駐車スペースには御影石、アプローチ床にはピンコロ石を敷き詰めた。素材や敷き方を変えることでのっぺりした印象を避けられる。5 瓦や水鉢で和の趣を添えたリビングの前の庭。6 リビング前の庭では、1年目には咲かなかったアヤメが今年は花をつけた。周年咲く花が絶えないよう計算されている。

壁に広が　は
強すぎず　やかに
時を映し　する

2 | 1

1 室内にも生花を絶やさないように、馴染みの生花店に定期的に頼んで活ける。壁際のローボードは当初テレビ台として設置したが、テレビは置かず花や緑を飾る場所に。2 深い軒に加え、窓にはルーバーを設置。日射の遮蔽や開放度を繊細に調節することができる。かなり大きな窓だが、ルーバーによってしっかり守られている安心感があり、室温調整にも役立つ。

2
3
4

1

1 アレルギー体質から自然素材に囲まれて暮らしたいという妻と、スタイリッシュでシンプルな空間を求めた夫。両方を兼ね備えた建築家として堀部安嗣さんに白羽の矢が立った。ソファは北欧のアンティーク。レンガ積みの裏はホール。2 床に大谷石を敷いたホールは玄関の延長であり、リビングの前室的な場所。夫の描いた絵が壁を彩る。3 ホールはせっき質レンガの壁でリビングからの光を絞り、仄暗さのある空間に。アンティークの家具を置き、気に入りの画集を飾る。夫が楽器を楽しむ趣味室でもある。4 ホールからキッチン・水まわりへと抜ける生活用の裏動線にもニッチをあしらった。

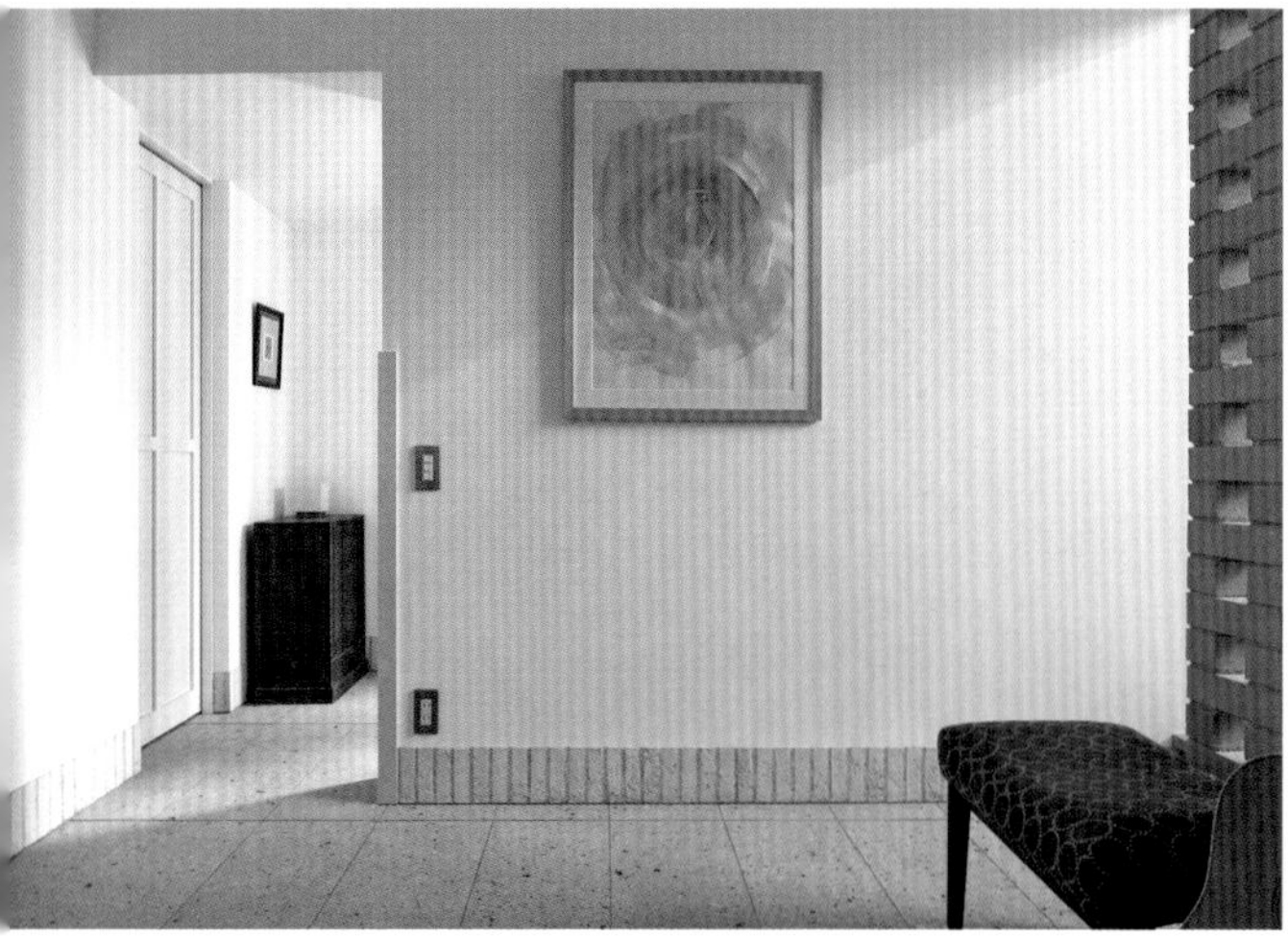

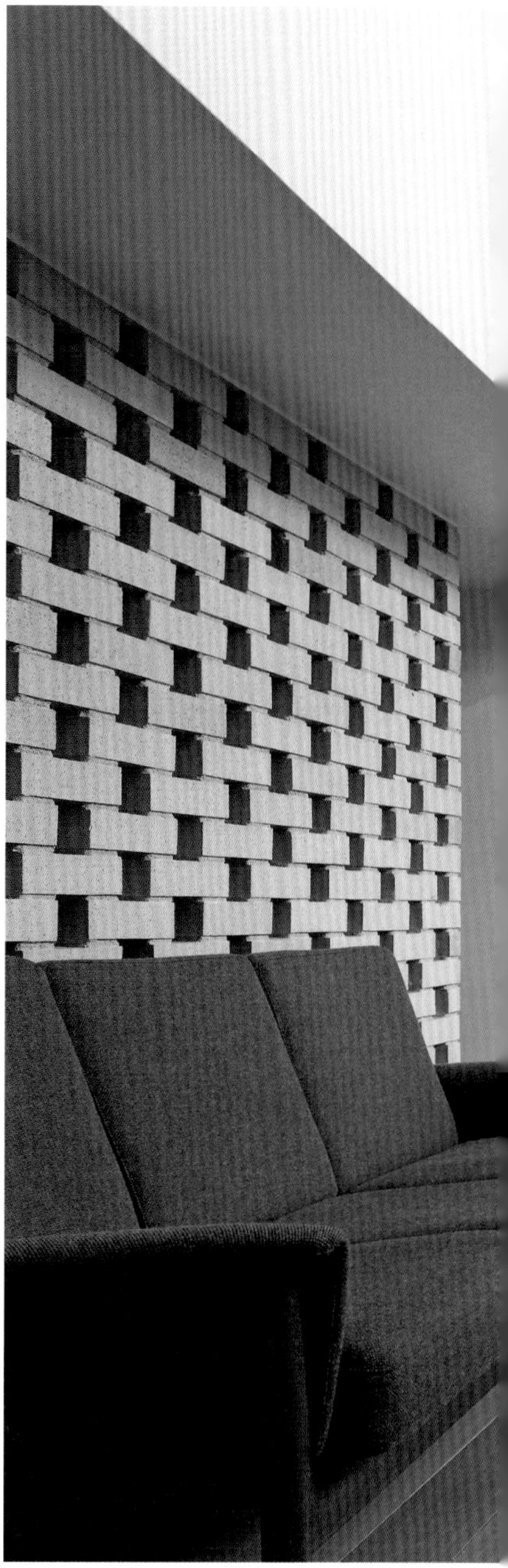

「この家は、四季を通じて壁に映る光がきれいです。画家のマティスがデザインしたヴァンスの礼拝堂を思い出します」。夫は、絵画や彫刻と同じように、この家を愛でる。リビングには大きな白壁を背に2本のドウダンツツジが活けられている。「室内側を高く、庭側を低く活けると、庭と室内がつながっているように感じる」という夫の、しゃれたあしらいだ。一番の見せ場は、リビングの大窓からの庭の眺め。窓を額縁にして鑑賞するための庭で、出入り用の小さなドアは隣のダイニングに隠されている。

高さ約4mの天井に達する大きなガラス面には、日射と開放性の調整のために、木製ルーバーの内戸が用意された。ルーバーは指で軽く角度を変えられ、日の角度や気分に沿わせることができる。「ルーバーを開けるとガラッと部屋の様子が変わるんです。閉めたときの落ち着きと、開けたときの開放的な雰囲気、どちらも好きで」（妻）。

大学で教鞭をとる夫の職業柄、学生が訪ねてくることも多く、自宅にはパブリックな機能も求められた。このリビングはホテルのロビーのような感覚で、主に接客に使われる非日常的な部屋だ。玄関から大谷石の土間が続くホ

ールも同様で、ときに夫が趣味でコントラバスを奏でる。

家族の日常的な食事は、キッチンの奥にある小さなダイニングで。天井高が抑えられ、造り付けのソファには電車のボックスシートのような親密さがあり、板張りの壁に包まれる安堵感がある。このような特色の違う場所を滑らかな動線でつなぐというのが、建築家・堀部安嗣さんのコンセプトだ。

ややひし形に歪んだ土地の形なりに建物を雁行させるように配置すると、残された部分には多様な奥行きを持つ庭が生まれた。リビングから見える庭がもっとも深く、定番の落葉樹であるモミジと、あまり見かけなくなった針葉樹のカヤをメインに、山野の自然な景観が再現されている。リビングの庭が距離をおいて眺めるものである一方、ダイニングのソファから楽しめるのは、手を伸ばせば触れられる近さの緑。「引っ越したときは感激しました。『これからは、この景色を見ながらコーヒーが飲めるのね』って」(妻)。

主木のひとつ「カヤ」は、夫の父が生前ここにつくった庭にも生えていたという。造園家の心遣いなのか、土地を受け継ぐ者として夫はうれしく思っている。

 天候や周囲の環境、心身の変化に応じ、日光や眺めを室内に取り入れる度合いを木製ルーバーで調整する。正面に見える木はアオダモ。

緑に手が触れそうな窓辺の小さな食卓

3 2 4 | 1

1 2層分の吹き抜けを持つリビングからキッチンを見る。腰壁に造り付けた収納の扉は、リブ状に細板を並べ表面を仕上げた。床はナラの無垢材、壁・天井は漆喰。2 ダイニングのソファから庭を眺める妻。「季節ごとに咲く花が庭に用意されていて、プレゼントを貰ったようにうれしくなります」。3 ダイニングの横長窓から、テーブル越しに手に触れそうなほど近距離の庭を眺める。4「家庭は小さい食卓に笑いがあればいい」という夫のイメージ通り、日常使いのダイニングはこぢんまりとした空間に仕上げた。横長窓の上が通風用の板戸になっている。

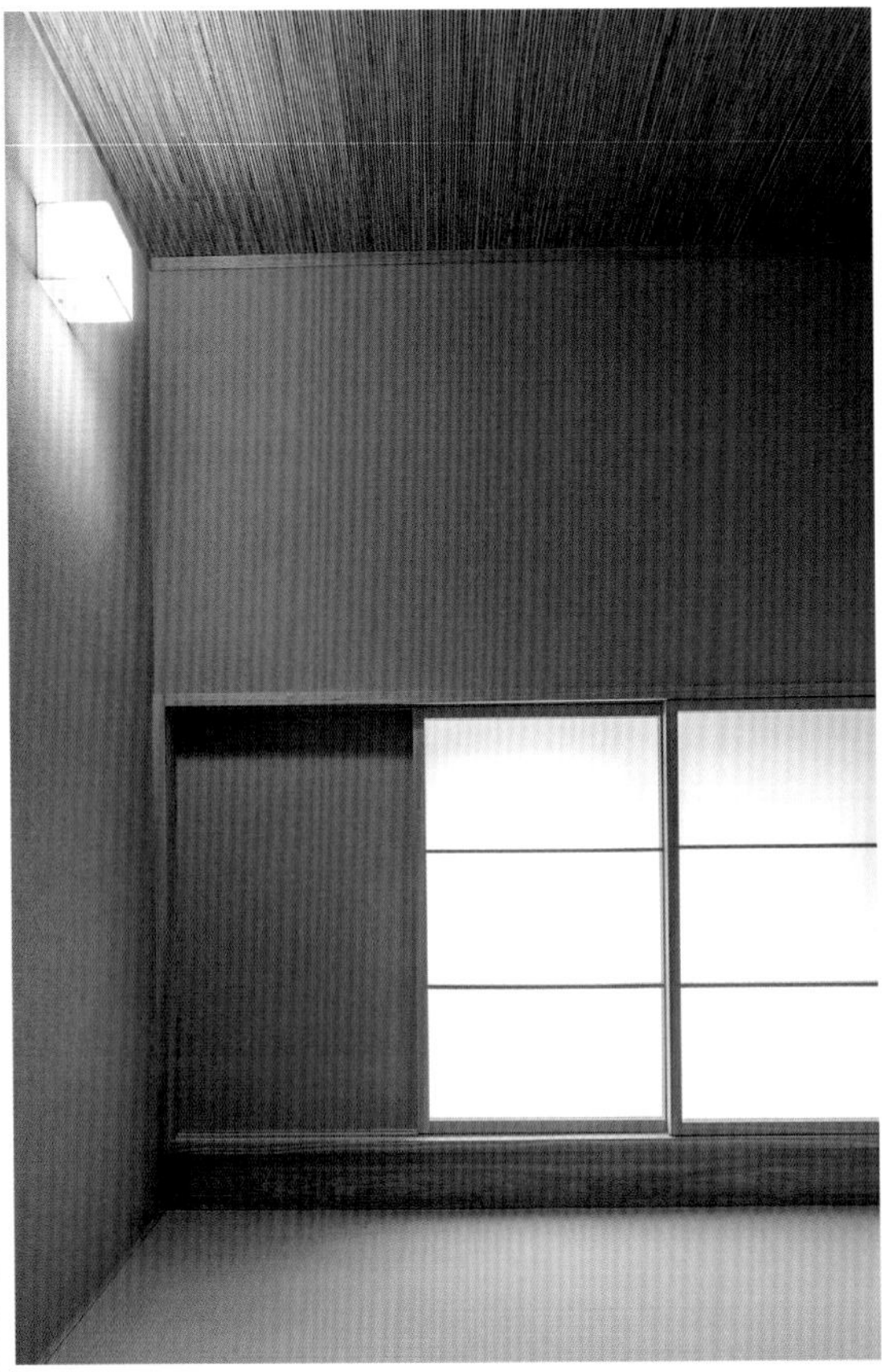

空間と対話しながら
草花とアートで
自分色を添える

5　4 | 2　1
6 | 　3

1 2階にある3畳の和室は天井を葦張りにした茶室風のしつらえ。2 洗面所の壁は下半分がライムストーン、上半分と天井をタモの板張りに。3 リビング吹き抜けに面した通路上の場所にも腰高の書棚を造作。左手が書斎。4 階段手前にある余白のスペースに、大振りの花器で大胆にグリーンを活けて。左手の壁にはコンテンポラリーアートのリトグラフ。5 2階の廊下から階段を見下ろす。6 モランディの銅版画に迎えられる、静謐な雰囲気の玄関。木質感を抑え、床は大谷石敷きで巾木はせっき質タイル。正面の扉の奥はクロークで、和の骨董家具は堀部さんからの竣工祝い。

Tさんの家と庭 ‖ *no.7*

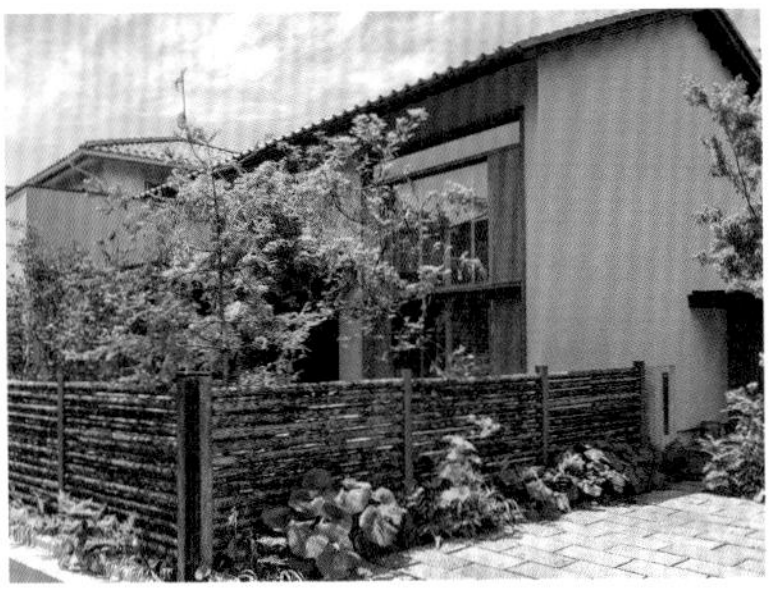

敷地面積	228.46㎡（69.10 坪）
延床面積	146.79㎡
	1F：94.36㎡　2F：52.43m²
竣工	2019 年
家族構成	母＋夫婦＋子 1 人
設計	堀部安嗣建築設計事務所
施工	参創ハウテック
造園	舘造園

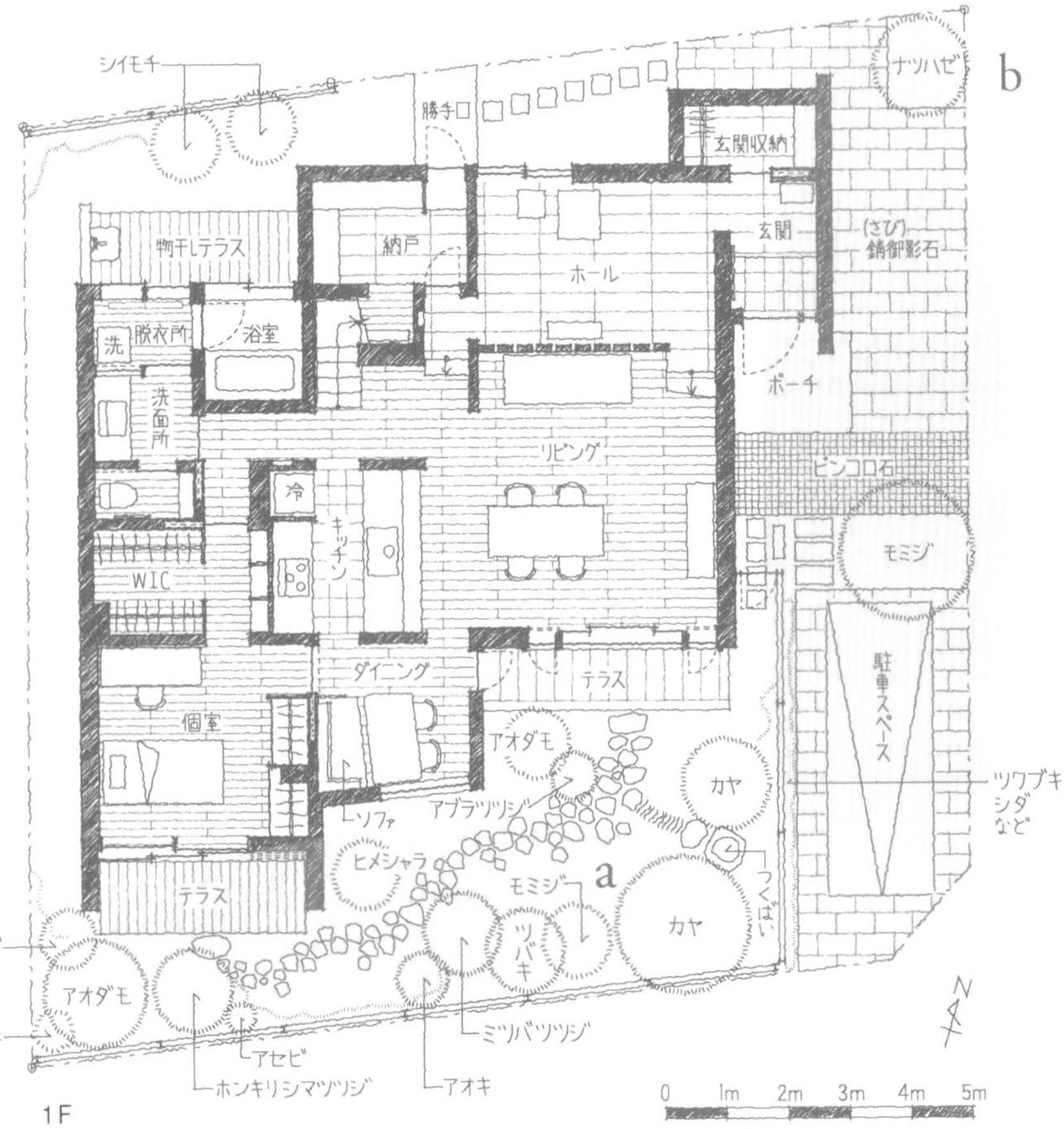

駐車スペースが無機質にならないよう、アプローチとの間にモミジを中心とした植え込みを設けた。

無骨に見えやすい駐車スペースの木塀の足元は、ツワブキやシダ、シランなどで潤いをもたせた。

ツワブキ

シラン

右：道を歩く人の目に触れやすい塀の足元には、妻がセンニチコウを植えたり、スミレを種から増やしたりして華やぎを添えている。
左：窓の外に付けた日除けは、細いアルミ製の丸棒をつなげたシャープなデザインのすだれ。

a 南の庭

建て替え前の家の古瓦や飛び石、水鉢で和の趣をもたせた雑木の庭。奥行きの変化に応じ、それぞれの窓からの見え方を意識しつつ計画し、自然なつながりをつくっている。

ヒメシャラ

カヤ

ツバキ

ホンキリシマツツジ

アオダモ
(撮影／栗田信三)

ミツバツツジ

外壁の一部の仕上げには焼き杉板を用いた。黒い外壁は背景として庭木の枝や葉を美しく引き立てる。

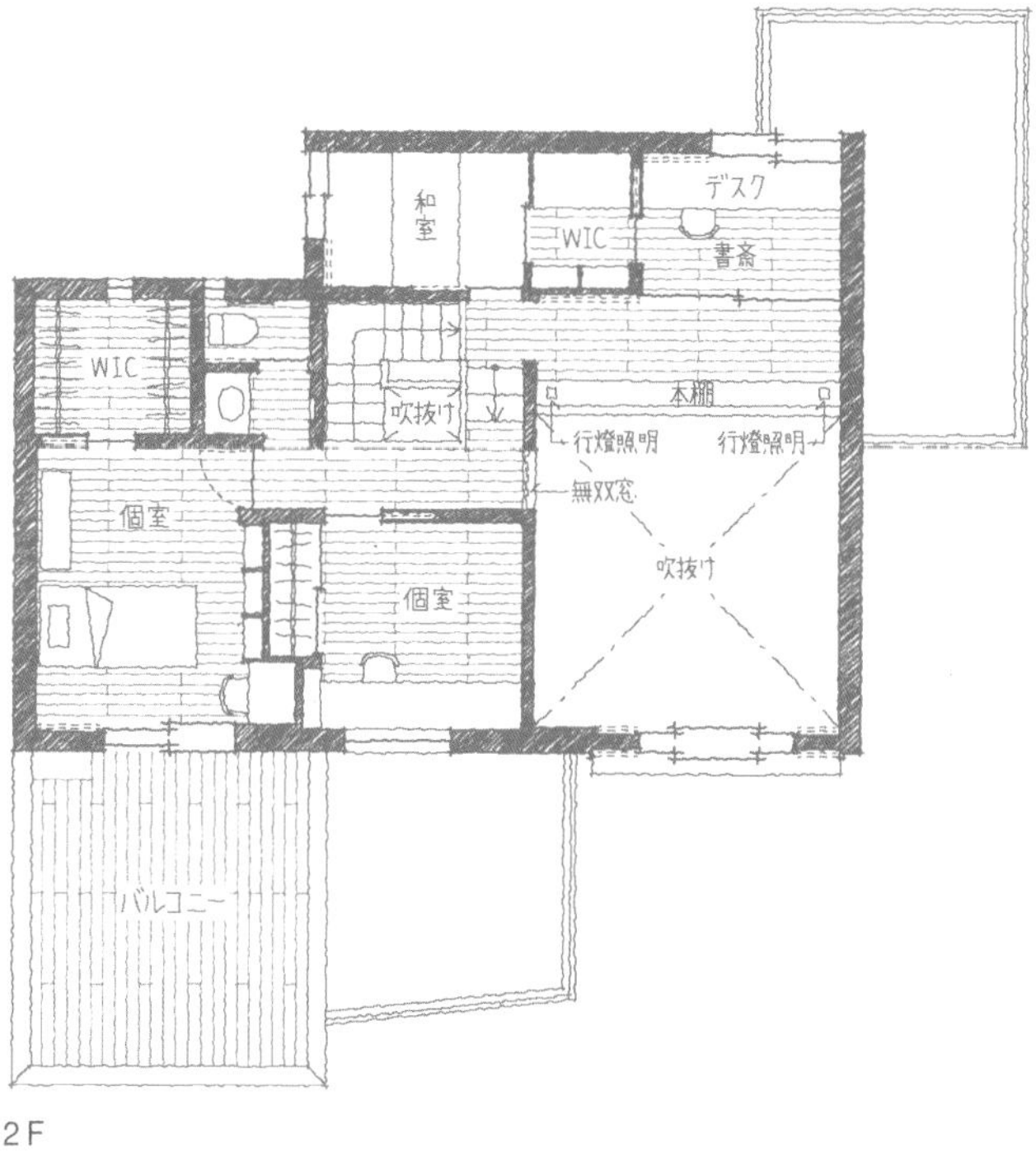

2F

b 東の庭

東側は、通りに開放された御影石敷きの駐車スペース。アプローチとの境に植え込みを設け、ポストやインターホンを組み込んだ門柱をさり気なく隠し、木塀の足元も植栽で縁取った。

モミジ

ナツハゼ

緑と暮らす／no.08

慈しんでつくり上げた中庭の木々が季節を映す

通り土間の暗がりを抜けると
ひっそりした中庭に出る。
高木が数本しかなかった庭に、
夫が下草をせっせと植え続けると
潤いあるサンクチュアリに成長。
木々は背丈を伸ばし、
キッチンに立つ妻に四季を届ける。
（静岡県 K邸）

右：開かれたイメージの通り側。ポストと表札、インターホンを兼ねる門柱で結界をつくる。駐車スペースはコンクリートと芝生をストライプにして轍部分を保護しながら、明るい印象にデザイン。左：リビングの窓から中庭を見る。開けると壁に引き込まれる窓は、枠を見せないつくり。

1
2
5 4 3

1 中庭の高木を見上げて。4 年間で 2 階の窓を覆うほど成長した。2 ダイニングの窓先をシマトネリコが飾る。外壁は吹付けで、葉の色をきれいに見せる落ち着いたグレイッシュカラー。3 門扉の格子戸が外観デザインのポイントに。壁際にはシルバープリペットやアベリア、オタフクナンテンなど、日射の強い場所でも育つじょうぶな低木類を列植。4 多種類の下草はすべて夫が植えたもの。砂利敷の園路を蛇行させて小さなスペースに奥行きを出している。5 夫と長女が庭を点検。

時間をかけてつくり上げた潤いと風情

7　6

8

6 2階から中庭と通り土間を見下ろす。通り土間には外物置や自転車置き場を設置(写真右手)。格子戸の向こうが前庭。7,8 前庭の明るい開放感とは真逆のしっとりした中庭。下草には日陰にも耐える種類を選んで。

南北に細長い敷地の道路側を広く開け、建物は北側寄りに。駐車スペースを兼ねる広い前庭は開放され、青い芝生が爽やかな印象だ。門扉の格子戸の向こうは、ほの暗い通り土間。その奥に、コの字に囲まれた中庭がちらりと見える。「前庭がオープンなので、プライベートな中庭はしっかり囲みました。この格子戸をくぐることで、家に帰った安心感をもってもらえたらいいなと」と建築家の水野純也さん。

室内は白い壁と木の天井・床のプレーンな空間で、窓の外の緑が映える。メインの生活ゾーンは2階に。中庭のヤマボウシを囲むようにリビングとキッチンを配置。特に庭の恩恵を感じられるのが、キッチン前の窓だ。「建ったばかりの頃は半分くらいの高さだったのに、4年ですごく大きくなりました」と妻。目の前の中庭で満開の花をつけている常緑ヤマボウシは、今や2階の屋根を越えるほど。「常緑」と名につくくらいだから、秋になっても葉は緑のままで、一年を通して窓辺を賑わしてくれる。白い花に見えるのはガクの部分で、中心にある緑がかった実のようなものが花だ。それが秋に赤く色づく様子にも趣がある。

外回りの手入れはすべて夫が担当。年に2回ほど、木々の剪定も自分でこなす。背の高い中庭の木も、ルーフテラスから高枝バサミでカット。作業に汗を流し、さっぱりした庭を眺めながらバルコニーで飲むビールは、格別にうまい。

「中木と下草類は、全部僕が植えました。庭仕事は体力を使いますね。造園業の方は、すごい」と、夫は中庭を案内しながら言う。木の足元を種々の下草が隙間なく覆い、しっとりした風情が漂うが、引っ越し当初は高木が数本しかなかったそうだ。庭づくりは初めての経験だったから、何冊も本を買い込んで実践したが、書かれている通りにいかないのが生き物相手の難しさ。最初の数年は植えても根付かなかったり、見た目の落ち着きが悪く植え直したりと、試行錯誤の連続だった。

「夫は納得がいかないと、雨の日でも夜でも植え替えを始めるからびっくりしますよ」と笑う妻。仕事に家事に忙しく、庭には夫ほどの関心が向かないが、常緑ヤマボウシに白い花が付き始めると「ああ、今年も5月になったんだな」と思う。季節を連れてきてくれるのは、いつもキッチンの窓なのだ。

4 | 1 2 3

1 キッチン横からリビング方向を見通す。2 キッチン前の中庭に面した窓は腰高の収納と組み合わせ、厚みのある窓台としてデザインした。「窓に奥行きを設けることで石造やコンクリート造の家のような厚みを感じられ、光も柔らかくなります」（水野さん）。3 ダイニングの窓から前庭のトネリコを見下ろす。4 床は広葉樹のオーク、天井は米マツの垂木にラワン合板の野地板表しという針葉樹の組み合わせ。右手奥がキッチン。

3 | 1 / 2

1 ステンレスの広い作業台をもつアイランドキッチン。ここに立つと正面に中庭が見える。窓辺のカウンターの天板は、タモの無垢板。2 洗面所や和室への動線をオープンキッチンのスペースと兼ねて広がりを。右手の窓から常緑ヤマボウシが見える。3 ゆったりした空間と、三重のオーダーメイド家具「タンペレ」で特注した北欧風のテーブルやソファがくつろぎをもたらす2階。垂木を見せた天井は4年の歳月を経て赤みを帯びた深い色に変化し、明るい色合いの床といいバランスに落ち着いてきた。

天窓からの光の変化が時間の流れを可視化する

4　3　｜　2　1
5

1白いモザイクタイルで仕上げた清潔感ある洗面台。窓枠は白く塗りつぶし、ミラーの上下には木を添えてカラーコントロール。2 1階にある子ども部屋は、今は間仕切りなしで使用。成長に応じて引き戸を入れられるように、床にはレールが付けられている。中庭に面した窓台はベンチのように腰掛けられる。3中庭から通り土間越しに格子戸を見る。2階のキャットウォークのようなバルコニーは、夫がビールを飲む場所。4玄関扉は米ヒバの引き戸。戸袋も板張りに。5通り土間の床は、素材感豊かな豆砂利洗い出し仕上げ。

Kさんの家と庭 ‖ *no.8*

敷地面積	165.32㎡（50坪）
延床面積	131.89㎡
	1F：65.07㎡　2F：63.18㎡
竣工	2016年
家族構成	夫婦＋子2人
設計	水野純也建築設計事務所
施工	アヴァンス
造園	en 景観設計

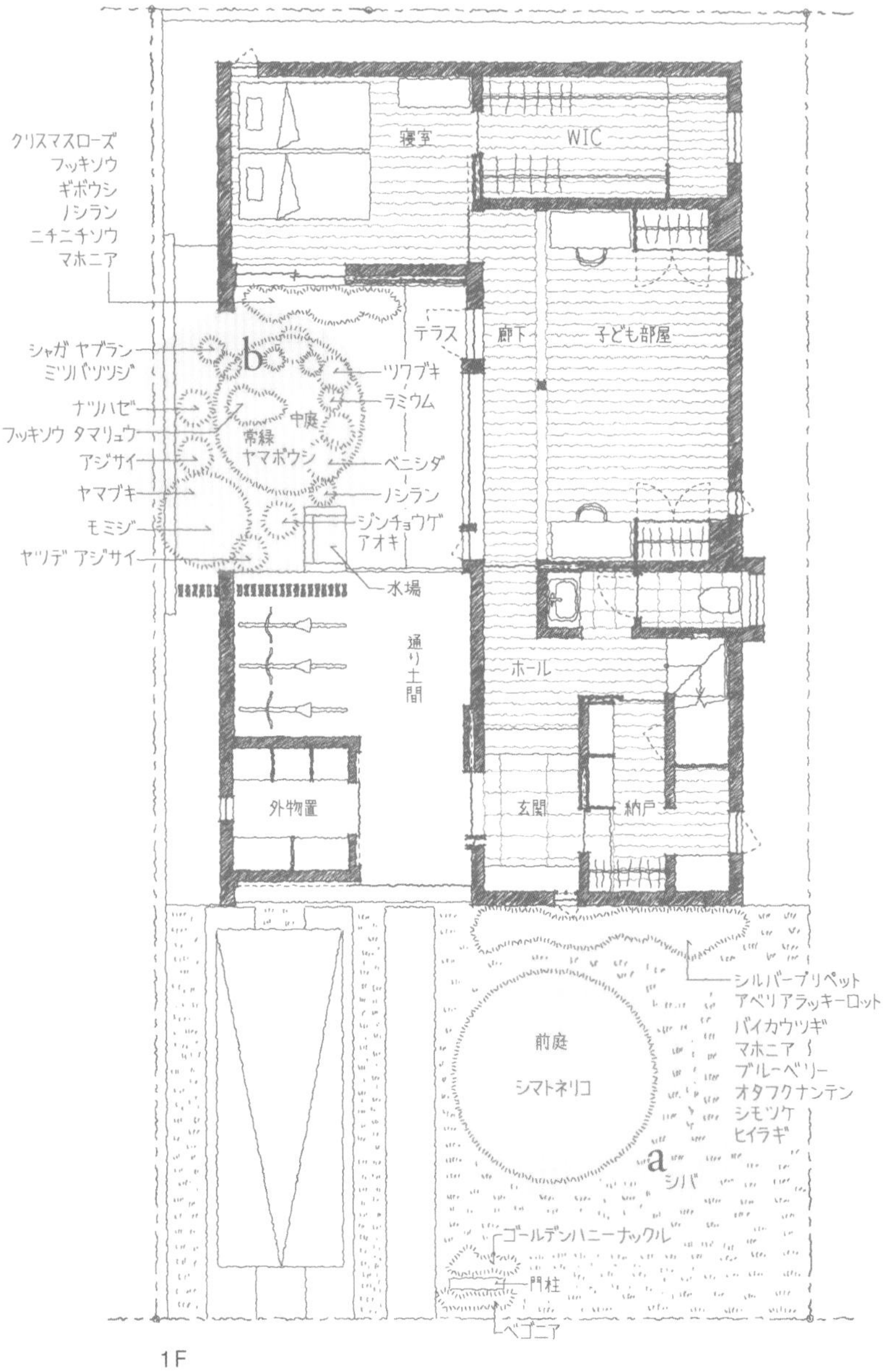

1F

駐車スペースは全面をコンクリートで固めるのではなく、芝生とのストライプ状にデザインして明るいイメージに。

ⓐ前庭

道路側の庭は塀をつくらず開放し、来客のときは駐車スペースとしても活用する。シンボルツリーはシマトネリコ。芝生を敷いて洋風な庭に。建物の際にも下草を植えて足元に表情をつけた。

シモツケ

シマトネリコ

シルバープリペット

アベリアラッキーロット

オタフクナンテン

ヒイラギ（斑入り）

ムラサキシキブ

モミジ

常緑ヤマボウシ

クリスマスローズ

ギボウシ

フッキソウ

シャガ

ⓑ中庭

建物に囲まれた中庭は、常緑ヤマボウシをメインツリーとするしっとりした雑木の庭。住まい手自ら限られた日当たりでも育つ植物を試行錯誤しながら探し、時間をかけてつくり込んだ。

キッチン正面にある横長窓と常緑ヤマボウシを、和室から眺めたところ。

中庭の見上げ。上に成長した紅葉と常緑ヤマボウシにすっかり覆われている。

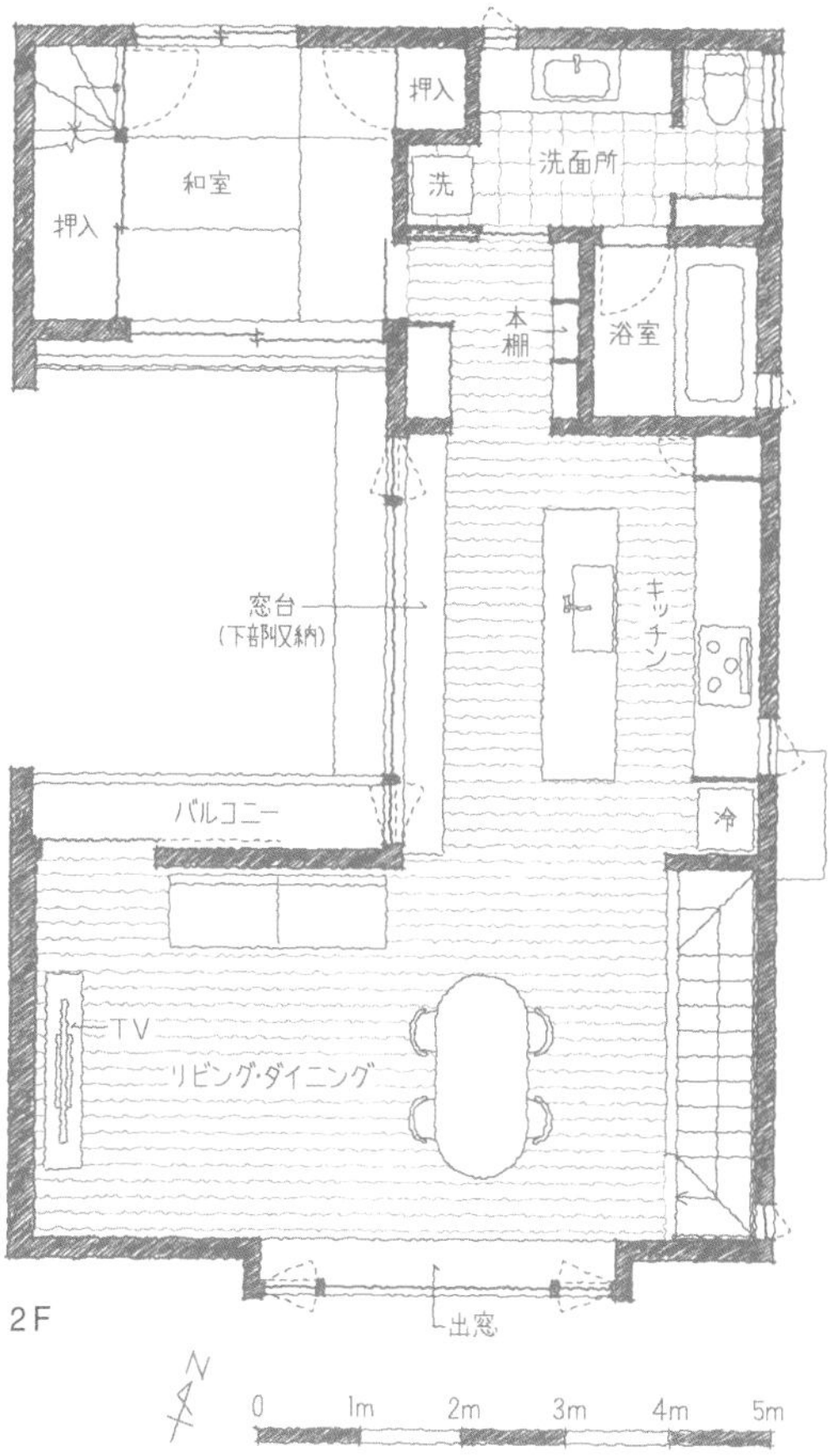

リビング前の広いテラスも室内と等価。暖かみのある色合いが気に入って、イタリア産のタイルを敷いた。左手がリビング、正面は書斎の窓。

緑と暮らす／no.09

心地よさのお手本は「ヒュッゲ」。朝ごはんは雑木林のテラスで

健康を失いかけ、夫婦で過ごす時間の大切さを知った。ただただリラックスするための家には癒やしをくれる庭が欠かせない。雑木林に食い込むテラスに腰掛け、庭の木からもいだ酸っぱい木の実とともに輝きに満ちた今日を味わう。（東京都 M邸）

住宅地の中、窓から見えるのは緑と空だけ

5　　2 1
　　4 3

1 玄関へと導く園路は川砂利洗い出し仕上げ。2 木戸を開けて中庭に入ると左手がリビング。3 リビングの掃き出し窓を壁に引き込んで全開放すると、庭との一体感が高まる。左に見えるのはヤマボウシ。4 旗竿地の路地をたどると緑に迎えられ、左に折れると玄関へ。右は当初駐車スペースとして考えていたが、車は置かず庭に。「帰宅してこの庭を見ると癒やされます」（妻）。プライベートな中庭の目隠しとして、木塀を立てた。建物の角を見せないように植えたのは、ナツハゼ。5 高さ約 2.2 mの掃き出し窓＋約 1.5 mの高窓で大開口に。ベイマツの梁にタモの枠材を組み合わせた。

北欧家具に
薪ストーブ。
妻の夢を詰め込んで

2　1
3

1 ダイニングには、ゆったりしたチェアとデンマークのビンテージチェアを合わせて。テレビは置かず窓からの景色を味わう。テーブルはメープル。2 リビング上部は吹き抜けに。冬もデンマーク・モルソー製の薪ストーブ 1 台で家じゅうが暖まる。左奥は洗面所を兼ねた書斎コーナー。3 簾戸は網戸と軽い目隠しに使う。

「以前は駅近で、白いクロスや大理石の明るいマンション住まい。家でも仕事モードから切り替えられませんでした」と夫。人気の商業エリアにも近い便利さを享受していた夫妻が住まいについて真剣に考え始めたのは、夫が体を壊したときだった。二人とも会社の経営者という立場。このまま仕事最優先の日々を送り続けていいのだろうか？ いや、これからは二人の時間を大事にして、リラックスできる居心地のいい空間で過ごしたい。そのために、家を建てよう。

建築家・佐久間徹さんと相談しながら、土地探しにかけた時間は2年。足を使って見出したこの場所は、公園や上水にもほど近い静かな住宅地の一角。「元々あった雑木林の中にそっと家を建てたような感じ」。そう妻が形容するように、路地の奥は小さな雑木林のようだ。地域の植生にならい落葉樹の高木をメインに、常緑の中低木と多種多様の下草類を組み合わせた庭。2年経って、山の中のような自然な景観となり、剥き出しだったブロック塀も緑の向こうになりをひそめた。

住まいのコンセプトは「ヒュッゲ」。「居心地がいい時間・空間」を表すデ

1
2
3

1 対面キッチンでは、庭を見ながら料理を。2 出し入れしやすい造作の吊り棚。カップ類はプレーンな白ベースのものが多い。面材はラワン。3 キッチンから洗面所兼、書斎コーナーを見る。部屋の広さを優先させ、2つの用途をひとつの場所で兼ねる。住まいの規模をコンパクトにまとめつつ、ゆとりを持たせる設計手法。「家の大きさは必ずしも快適性と直結しないとわかりました」（夫）。

ンマークの価値観だ。なかでも庭との一体感を最重要項目に。「田園に近い郊外育ちの私は、周囲の自然はどこまでも自分の庭という感覚でした。庭があることは当たり前で、とても大切です」。

建物に対して、45度の角度をつけたテラスのおかげで、敷地の対角線上に視線が伸び、庭の奥行きが深く感じられる。造園家の栗田信三さんは、四角いテラスの角を切り欠きアカシデをメインツリーとして植えた。株立ちの幹の向こう側を意識させることで、庭がどこまでも奥へ続いているような錯覚を誘う。

多忙な夫妻だが、食事はできるだけ二人そろってとる。北欧アンティークの椅子やテーブルはその日の気分で移動させ、角度を変えて庭を眺める。

外が気持ちのいい季節には、朝ごはんをテラスで。ヤマモモやジューンベリーなど、その時庭で採れる実を摘んでは、口に放り込む。

春から初夏、一日で姿が変わるほど草木が成長することや、秋にヤマコウバシが金色に輝くことを知った日の驚き。雨なら雨の、風なら風の日の葉の美しさに、夫は自らも自然の一部であることを思い出す。「この家と庭に、豊かな生活をさせてもらっています。幸せだなって、感じるんです」。

4
5
6

4 在宅での仕事は、広い造作デスクのある書斎コーナーで。引き戸を閉めればLDKと距離を置けるので、ウェブ会議にも対応できる。5 デスクの目の前には庭の見える窓が。時々モニターから目を上げて、緑に視線を漂わせる。6 室内の壁は、グレイッシュなキャメル色の珪藻土。パソコンに向かう時間が長い夫にとって、天然素材で構成された住まいがデジタルデトックスに。

癒やしと休息
それ以外の目的は
一切不要

2 1
3

1 2階の廊下には書棚を設けた。1階の床はブラックウォルナットだが、2階の床は足ざわりの柔らかいヒノキに。2 心身の健康を保つために取り入れた24時間風呂。思い立ったらいつでも入浴してリフレッシュできる。浴槽に浸かったときの目線に合わせ窓を設定してある。3 吹き抜けに面した寝室は、コンパクトさが居心地良さに。冬は1階の薪ストーブの暖気を内窓から取り入れられ、一晩中暖かい。

5　4

4 玄関には、耳付き板とアイアンでベンチを製作。右手に上着や雑貨もしまえる広いクロークがある。左手はトイレの扉。
5 玄関ドアはピーラー（ベイマツ）、取っ手はブラックウォルナット。外壁の焼杉板は、夫妻が直島で見た安藤忠雄設計の美術館に影響を受けて選んだ。

Mさんの家と庭 ‖ no.9

敷地面積	173.45㎡（52.47坪）
延床面積	86.59㎡
	1F：57.61㎡　2F：28.98㎡
竣工	2018年
家族構成	夫婦
設計	佐久間徹設計事務所
施工	匠陽
造園	彩苑

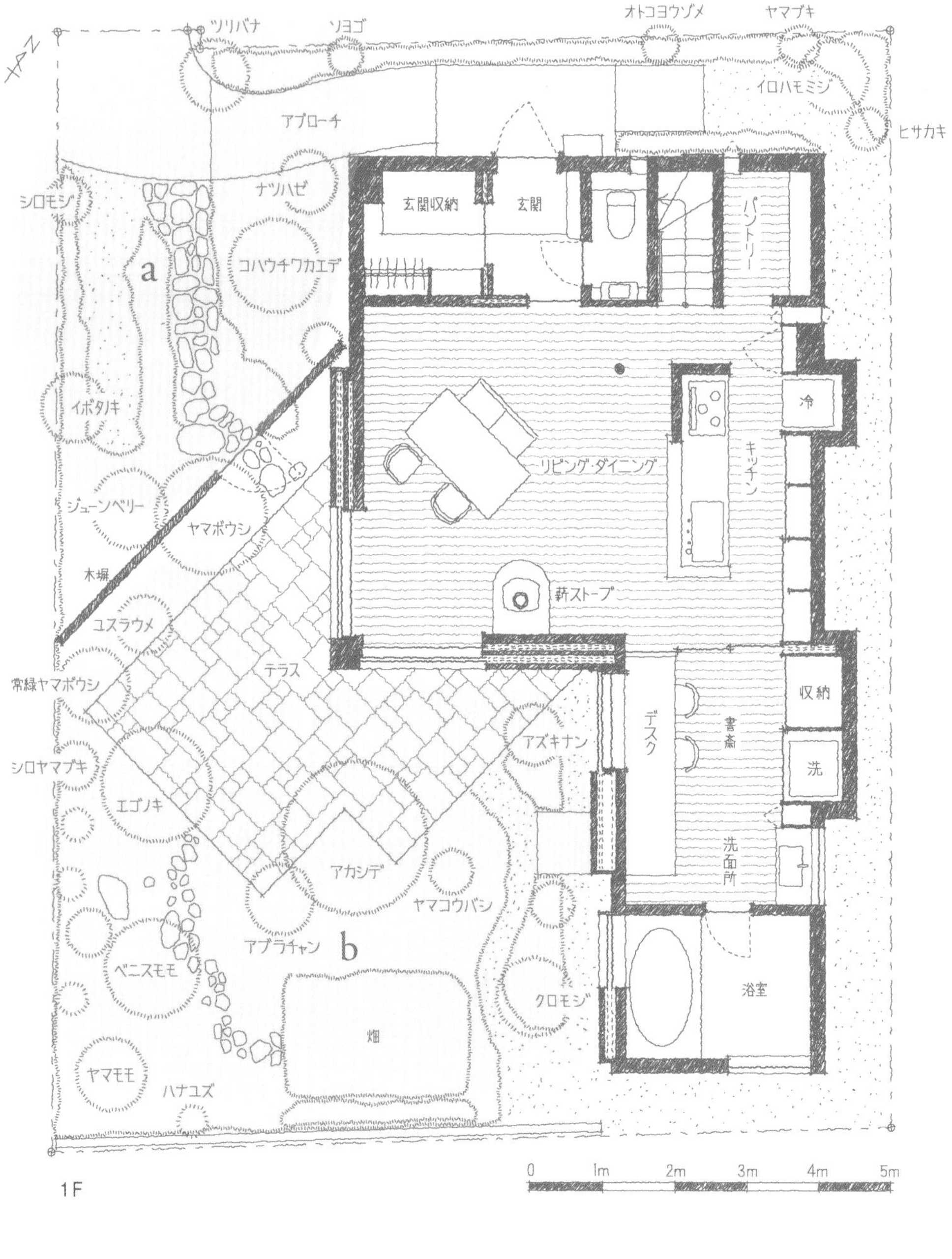

1F

ツリバナ（撮影／栗田信三）

ナツハゼ

コハチウチワカエデ

ジューンベリー

ヒュウガミズキ

シロモジ

a アプローチ

路地の突き当りを駐車スペースにする予定だったが、庭に変更。アイストップとなる植栽と、中庭のプライバシーを守る板塀、ゴロッとした飛び石で構成。木は中庭との連続感を意識して配置した。

b 中庭

リビングやテラスからの見え方を重視。斜めにせり出したテラスの角にメインツリーを食い込ませ、「向こう側」をつくることで庭の奥行き感を強調。実のなる木を植え、ハーブを栽培できる余白を残した。

アカシデ

アブラチャン

エゴノキ

ベニスモモ

ヤマモモ

ヤマコウバシ

ヤマボウシ

クロモジ

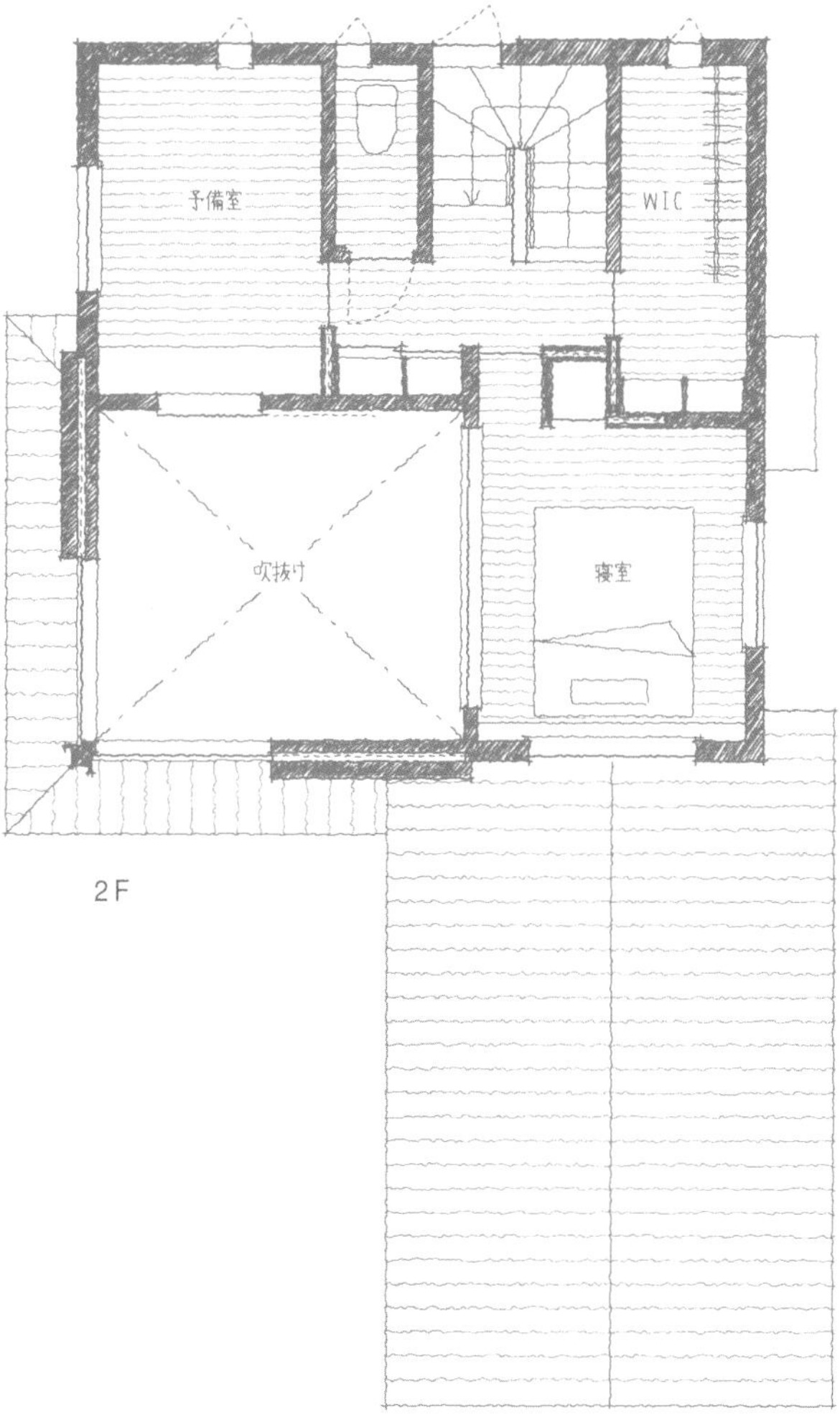

緑と暮らす／no.10

手塩にかけて更新を重ねる小さな家のふたつの庭

竣工後2年経って、庭を全面リフォーム。
雑木を点在させて、野の気配をまとわせながら
前庭は大谷石で引き締まった表情に。
リビングの窓では遠景と庭の木々が重なる。
すっかり庭に魅了された夫が
好みの植物を植えて試行錯誤を繰り返し、
今も進化の途上を楽しんでいる。
（東京都 米澤邸）

右：2階の洗面所から畳コーナーの窓を見る。中庭に植えたアオダモが背丈を伸ばして窓辺を飾る。左：道路から建物を後退させ、前庭を広くとった米澤邸。右下の板塀部分は駐輪場。高木はシデとモミジで、地面の大半を大谷石で覆い、除草の手間を軽減している。立水栓もさり気ないデザインにして溶け込ませた。

2 1

3

1 建物の南側幅 1m ほどの細い通路を奥へ進むと中庭へ。手前に見えているのはアセビで、春には房状の花を付ける。2 駐輪場も建築の一部としてつくると目障りにならない。自転車をきれいに格納することは、前庭を美しく見せるための必須要素だ。3 1階部分の外壁は、表情の柔らかい板張りに。塀はつくらず、玄関が露出しないよう立てた壁にポストと表札をつけた。

『わが家に塀はありません。
大谷石を踏んで玄関へどうぞ』

4

6 5

4玄関アプローチ。薄い大谷石を浮かせて見せることで軽やかさを演出。ポーチの仕上げは「大磯2分洗い出し」で、大谷石と合わせて深みのある表情。左手の木はモミジとヒサカキ、足元はラベンダー、ビヨウヤナギ、ユーフォルビア。5 2階から中庭を見下ろす。沓《くつ》脱ぎ石も自然さを意識した置き方。6寝室の縁側で。南側に隣家が迫るが、かえって囲まれている安心感がある。

4

1

3 2

1 ダイニング・キッチン・畳コーナー・書斎とたくさんの要素が組み合わせられた空間。造作の家具やキッチンで整えられているため、すっきり広く見える。畳コーナーでは寝転がったり縁に腰掛けたり、さまざまなくつろぎのスタイルが可能。2 ダイニングの窓は掃出窓と腰高窓の組み合わせなので、障子も浮くように引き込まれる。3 畳コーナーの小窓は、腰掛けて中庭を眺めることができる背もたれ付き。4 屋根なりの傾斜天井は和紙張り、壁は珪藻土塗り、柱・梁は国産のスギ材で、「天然素材のおかげなのか、梅雨のじめじめ感がありません」（夫）。屋根面で集熱した空気で家全体を温めるソーラーシステムを採用した。

さり気なく添えられた瑞々しい切り花。「活け花を習ってから飾るようになって」(妻)。窓の外には緑の梢が揺れ、開け放たれた窓からはまろやかな風が吹き込む。長女を授かったことから、家探しを始めた米澤さん夫妻。「便利なマンションにもしゃれた建売住宅にも心惹かれるものはなく、自分で家をつくりたくなりました」(妻)。宅地の合間に果樹畑が残り、神社の森が見えるこの土地に「景色とつながる庭と家をつくりたい」と望んだ。

東西に細長く、約32坪とけっして大きくはない敷地に、建築家の松原正明さんはふたつの庭を組み込んだ。東側の道路に接する街に開放された前庭と、寝室に面した奥の中庭。それぞれ性格の違うふたつの庭を、細く曲がりくねった園路と植栽がつないでいる。

メイン空間は景色のいい2階に。小さな畳コーナーはあるがソファもテレビもなく、整然とした室内では切り花と窓の緑が主役だ。2年前に植えた庭の木はぐんぐん枝を伸ばし、あっという間に2階の窓に姿を表した。「主な生活スペースは地面には近くないのですが、窓から庭の木と畑や鎮守の森が重なり合って見え、自然が身近に感じられます。窓の枠を見せない隠し框になっているから、外の景色がクリアに見えるんですよ。窓を開けて周囲を気にせず楽しめるのも、2階だからこそです」(夫)。

実は、現在の植栽は竣工時に植えたものではなく、2年前の庭リフォームによるもの。当時は予算も限られていたため土の露出面が多い庭になり、管理に手を焼いた。そこで、元々少しだけあった大谷石のエリアを前庭全体に広げ、絞り込んだ土の部分に隙間なく植栽を施すことで、雑草がはびこる余地を減らした。そのとき植えてもらったのは高木とポイントになる下草のみ。その後、夫はインターネットで少しずつ気に入った植物を購入しては、植え替えをしたり、隙間に差し込んだりしてアップデートしてきた。花より緑が主体の庭だが、下草類にカラーリーフを織り交ぜているので彩りが豊かだ。

「庭があることで、家にいる楽しみが増えたような気がします」と妻。中庭に面した寝室にお昼ご飯を運んでピクニック気分を演出すると、子どもたちも大喜びだ。「いずれはこの部屋で晩酌をしてもいいかもね」と夫。ゆっくり晩酌は、娘たちがもう少し大きくなるまでお預けかもしれないけれど。

5 4 | 1
6 | 2
| 3

1 寝室の縁側にて。2 階の開放感とは違うしっとりした雰囲気。2 庭で咲いたコバノズイナをダイニングの棚に活けた。3 庭の草花で花輪づくりに挑戦。沓《くつ》脱ぎ石に添えられているのはセキショウ。4 ダイニングの棚にも絵本が置かれ、情操を大切にする子育ての様子がうかがえる。5 建築家の松原さんは、建設中の現場でダイニングの窓の上端の位置を 12cm 低く変更した。「いちばん景色がきれいに見えて、壁の量とのバランスがいい寸法に決めました」(松原さん)。6 造作でしつらえた居心地の良いキッチン。

珪藻土、和紙、無垢の木
素肌感覚が気持ちいい

6 5 | 1

7 | 4 3 2

1 畳コーナーから階段室を見る。階段の腰壁につくった奥行きの浅い棚にはおもちゃを置いて。2 1階の子ども部屋。3 キッチンの隣にある書斎は階段に面して開放されており、階段上の天窓から明るさを得られる。4 畳コーナーの奥にある洗面所。引き戸の間仕切りを開けておくと視線が奥まで伸びて広く感じる。5 階段に設けた飾り棚は、愛用のカメラや登山の本などを飾って趣味のコーナーに。6 玄関土間は洗い出し仕上げ。出て左手にはベンチ、正面には郵便受けの受け取り口。小さなスペースに植栽も添えている。7 玄関ポーチから大谷石を敷いた前庭へのつながり。

米澤さんの家と庭 ‖ *no.10*

敷地面積	105.30㎡（31.85坪）
延床面積	83.27㎡
	1F：41.43㎡　2F：41.84㎡
竣工	2016年
家族構成	夫婦＋子供2人
設計	木々設計室
施工	内田産業
造園	ワイルドグリーン

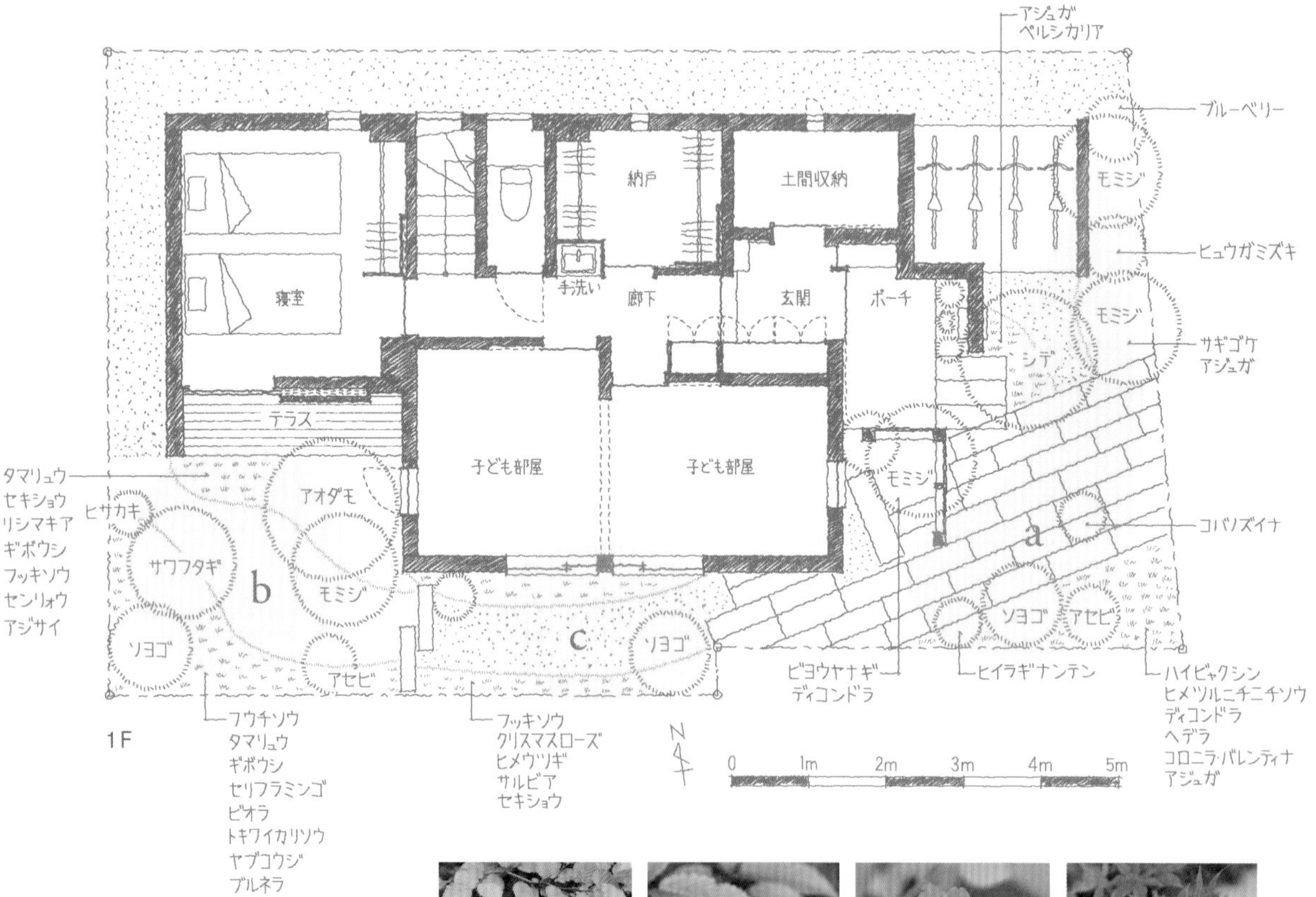

ヒュウガミズキ

シデ

ブルーベリー

モミジ

a 前庭

車を持たないので、駐車スペースは不要で前庭が広く取れた。土の露出部分を少なくするため、リフォーム前からあった大谷石のアプローチと馴染むように、大谷石を斜めに敷き詰めた。木は複数のモミジをメインにソヨゴ、シデをプラス。

ハイビャクシン

ヒサカキ

アシュガ

コバノズイナ

ガクアジサイ

サワフタギ

アセビ

リシマキア

ヤブコウジ

ブルネラ

フウチソウ

トキワイカリソウ

b 中庭

アオダモを中心とした４本の落葉樹で雑木林のようなしっとりした環境に。足元には多種多様な下草類を米澤さん自身が植えている。タマリュウやギボウシなど半日陰にも強い定番の植物をベースに、斑入りやカラーリーフで明るさを添えた。

上：「成長ぶりがさえない植物でも、見守っているとグングン力強くなってくることがあります」（夫）。緑濃い庭に成長している。下：沓《くつ》脱ぎ石に天然石を用いることで、茶庭のような風情が備わった。

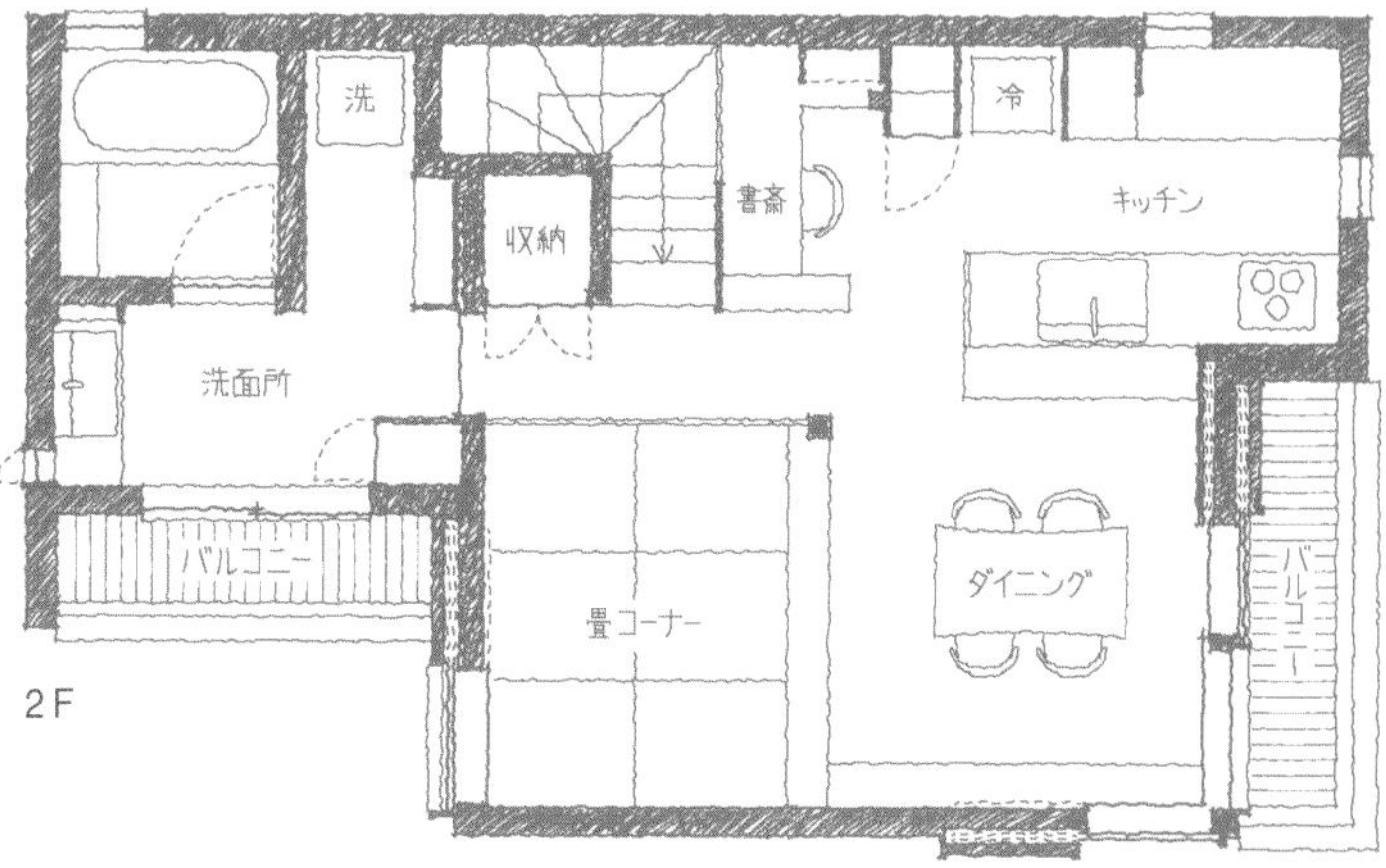

c 路地

最も細いところで１ｍほどしか幅がない路地だが、大谷石から洗い出しの園路への切り替え部分を違和感なくつなぎ、奥へと導く連続感をもたせた。園路の脇にも細やかに植栽を入れることで、前庭から中庭への移動も楽しいものとなっている。

ヒメウツギ
（撮影／栗田信三）

クリスマスローズ

フッキソウ

ヒイラギナンテン

セキショウ

サルビア

緑と暮らす／no.11

ポタジェで野菜を摘んだら雑木林でかくれんぼ

五角形の敷地にできた不整形の庭を用途分け。ダイニングの窓から見えるのは、草木と野菜を一緒に育てる「ポタジェ」。リビングの前は自然な雑木林。しっかり囲んだテラスとオープンな庭。その二面性を、中と外とで大いに楽しむ。

（千葉県 中島邸）

右：木陰に据えたスイレンとメダカの鉢。メダカの泳ぐ姿に興味をそそられ、つい手を入れてみたくなる。左：ダイニングの窓からポタジェ・テラスを見る。右側のガラス面ははめ殺しで窓枠を見せないつくり。スッと庭への視線が抜ける。左側は通風用の縦開き窓で、十文字の格子は手前に付けた網戸。庭は塀で囲んでありプライベート感が強い。

1
6
5 4 3 2

1 写真右手はリビング前にある雑木林の庭。かくれんぼができるほど木の葉が茂ってきた。左手は、プランターボックスに野菜やハーブを植えて家庭菜園に。2 通りから雑木林の庭越しにリビングを見る。開口部はほとんど隠れて見えなくなった。3･4 家庭菜園では、鷹の爪やピーマン、万願寺唐辛子などの夏野菜が旺盛に育つ。5 ポタジェ・テラスでは試行錯誤の最中で、大葉やセージといった少量の香味野菜やハーブを下草の隙間に植え、様子を見ているところ。6 5月の連休にはポタジェ・テラスにパラソルを立て、親子で小さなベンチをつくった。子どもたちの体に合わせた低めのベンチに腰掛けると、塀の中にすっぽり隠れて大人も快適。夏を迎えても、パラソルと緑のおかげでテラスは涼しさを保っている。

誰の目にも触れない、
小さなテラスで木陰を楽しむ

中島さん夫妻が自宅の庭で実現したかったのは、草花と野菜を一緒に育てる「ポタジェ・ガーデン」だ。「イギリス暮らしの中で見た庭や、お料理番組で、キッチン裏の美しいポタジェからハーブや野菜を摘みとって料理をする様子がすてきで」（妻）。

直角三角形の鋭角部分を少し裁ち落としたような五角形の敷地は、長辺が南面して日当たりに恵まれている。建築家の熊澤安子さんは、ほぼ正方形の建物を直角部分に寄せる素直な建て方を選んだ。三角形に四角い建物を置くと、角に2カ所の空地ができる。2本の道路に挟まれた先端部分を駐車スペースに、残りを庭とした。

リビングとダイニングがくっきりと分かれているのが間取りの特徴。ダイニング前の小さなスペースにはポタジェと塀に囲まれたテラスがあり、外に出て楽しむアクティブな庭に。リビングの前の大きなスペースは、雑木林風の眺めることを主体とした庭として、まわりを塀で囲まなくてすむように植栽に厚みをもたせた。「冬は木の葉が落ちてあまり目隠しにはなりませんが、目が気になるということはなく、近隣の方が通りかかればあいさつを交わしています」（夫）。

開口部が大きく直接庭に出られるリビングと違い、ダイニングの窓は腰掛けられる窓台付きで、ポタジェへの出入りはダイニング横にあるパントリーの勝手口から。「提案の段階では、ダイニングから直接出入りできた方が便利なのでは、と思ったのですが、中と外が交じり合わないことの安心感があるとわかりました。中から外を眺める喜びがあり、外に出ればまた違う楽しさを味わえます」（妻）。朝食のときは窓からいい風が入り、子どもたちは鳥や蝶の存在に敏感に反応する。夕食の時は外灯を点けて室内の照明を絞ると、庭が薄明かりに浮かび上がる。

庭の見える窓台が今日遊びたい場所

「庭と室内の親密さをつくる鍵は、床と地面の高さを近づけること」と熊澤さん。そのためダイニング前のテラスは少し土を盛って嵩上げをしてある。リビングの前の広い庭は嵩上げが難しいので、逆にリビングの床を階段2段分ほど下げることで地続き感覚をもたらした。

3年目の夏、ポタジェ・ガーデンでは野菜やハーブが育つ。塀のない庭で水やりをしていると、近所の人から声がかかる。株分けした苗をもらったり、いい肥料を教えてもらったり。「庭は、地域の人たちに私たちを知っていただくための、いいきっかけになってくれたと思います」（妻）。

右：ダイニングの奥行き深い窓台が遊び場になることも。「眺めても楽しめるおもちゃをあちこちに置き、どこでも遊べるようにしています」（妻）。左：イギリスのアンティークの家具が置かれたリビング。床を低くして庭との心理的な距離を近づけた。

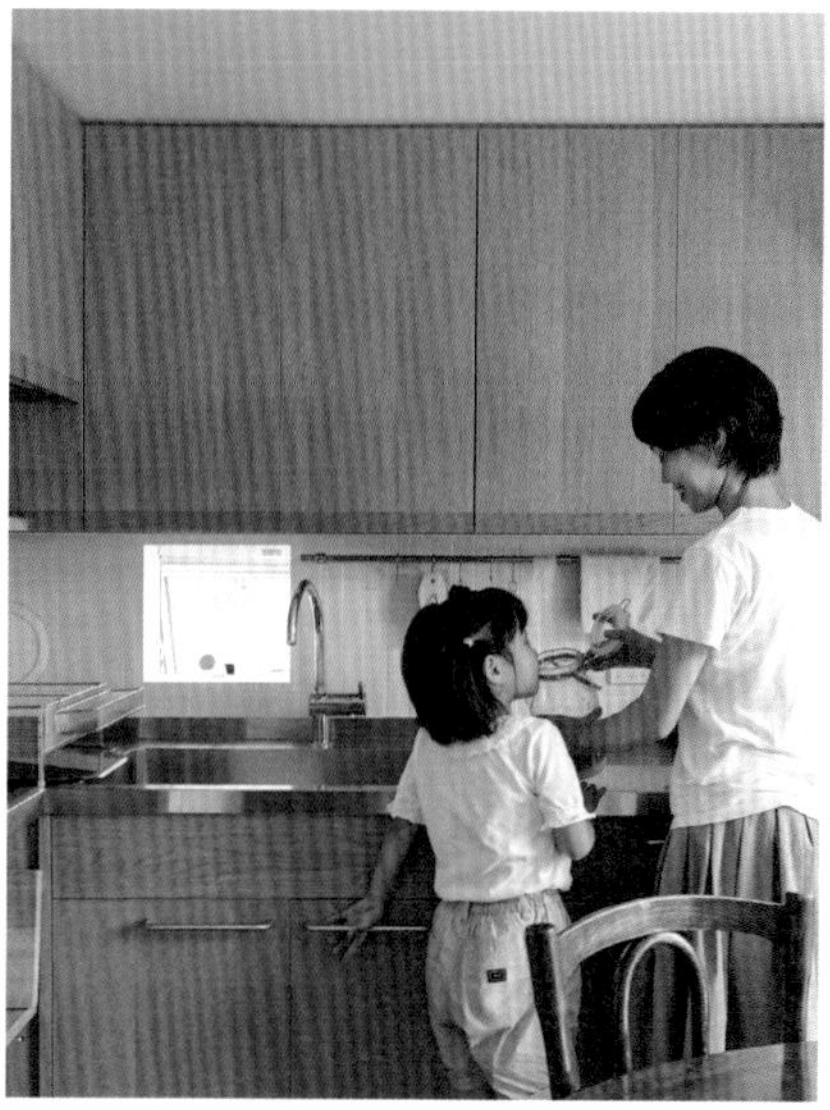

3 | 1
5 4 | 2

1 リビングの天井のアカマツは、オイル仕上げでしっとりと深い色合いに仕上げた。テレビの背面にはタモ材を張りアクセントに。分厚い色ガラスのペンダント照明はヨーガンレールで購入。ソファの上の内窓で奥の和室とつながる。2 収納が細やかに造作されているので、収納用の置き家具がなく室内はすっきり。右奥がダイニング。3 キッチンは作業スペースが広く使い勝手のいい壁付けのL字型。カウンター下のオープンスペースは、ボックスを使って上手に収納。野菜は通気の良いカゴに入れて保存。吊り戸棚も扉で隠す部分と、オープンにして飾る棚とを使い分け。4 木目のきれいなキッチンの扉の面材はナラの突板。5 パントリーはポタジェ・テラスへの出入り口。自分で漬けたフルーツのシロップや梅干しなどを保管。

6 5 | 2 1

8 7 | 4 3

1 玄関からガラスの引き戸越しに廊下を見る。引き戸の枠は白く塗装。玄関の靴収納は面材を白く塗り、手掛けは無垢の木で。清潔感と温もりが同居する使い分け。2 漆喰壁を曲面に仕上げた階段室。小窓からの光が効果的。3 2階にある洗面所には小さな木のスノコベンチを。服を置いたり、歯磨きのときに腰掛けたりするのに重宝。4 床と腰壁を白いタイルで仕上げた清潔感のあるトイレ。5 ぐっと天井の高さを抑えた和室。右下は着物をしまう引き出しで、奥行きの半分を壁に貫入させて、出っ張りを少なくしている。6 寝室に隣接した書斎には天窓から採光。背面の大きな書棚にすべての本を収納している。デスク上の棚には夫の趣味の小物が。7 小屋型の天井が愛らしい子ども部屋は、中央で二分割できるつくり。8 寝室には、洗面所から直接出入りできる裏動線も。洗濯物をバルコニーに干すときも便利。

中島さんの家と庭 ‖ *no.11*

敷地面積	200.26㎡（60.58坪）
延床面積	112.22㎡
	1F：59.62㎡　2F：52.60㎡
竣工	2018年
家族構成	夫婦＋子2人
設計	熊澤安子建築設計室
施工	かしの木建設
造園	風（ふわり）

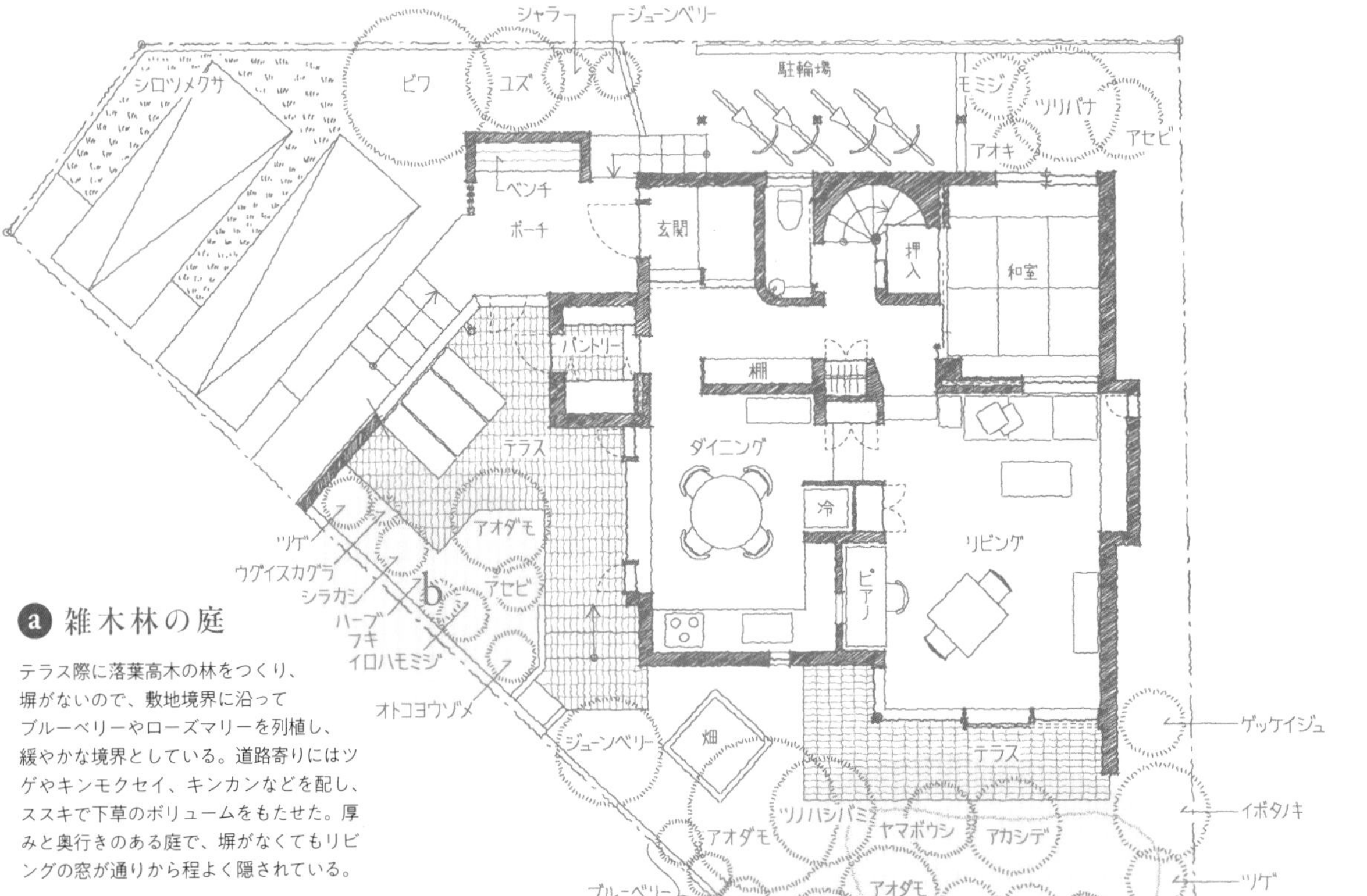

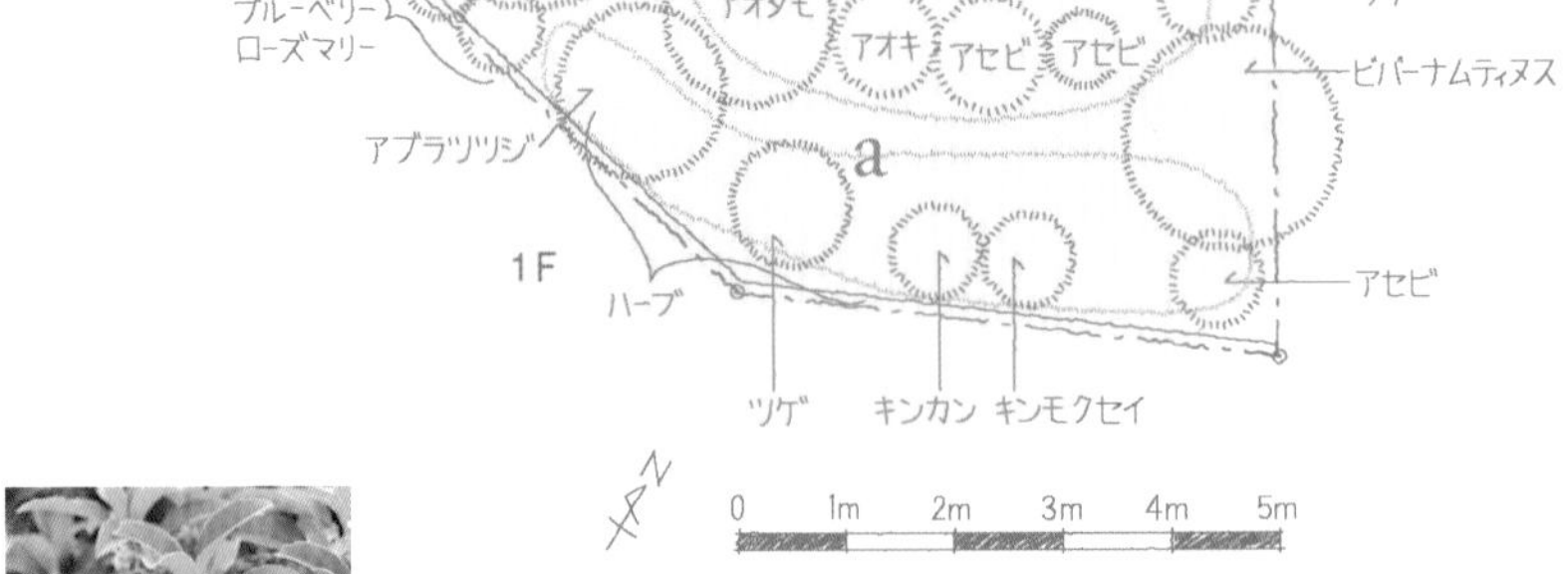

a 雑木林の庭

テラス際に落葉高木の林をつくり、塀がないので、敷地境界に沿ってブルーベリーやローズマリーを列植し、緩やかな境界としている。道路寄りにはツゲやキンモクセイ、キンカンなどを配し、ススキで下草のボリュームをもたせた。厚みと奥行きのある庭で、塀がなくてもリビングの窓が通りから程よく隠されている。

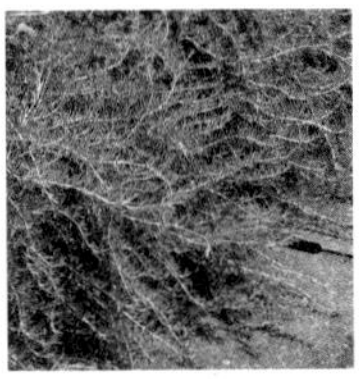

ローズマリー

ススキ

ツゲ

ビバーナムティヌス

キンモクセイ

通り沿いには、玄関ポーチの板壁を背景にユズ、シャラ、ジューンベリーなど。左手は屋根付きの駐輪場。

上：リビングの前の雑木林の庭。ススキが大きく茂って、ヤマボウシ、アオダモなどの高木の足元を覆う。下：深く屋根の架かった玄関ポーチ。右手にはポタジェ・テラスへの小さな扉がある。床は豆砂利洗い出し仕上げ。

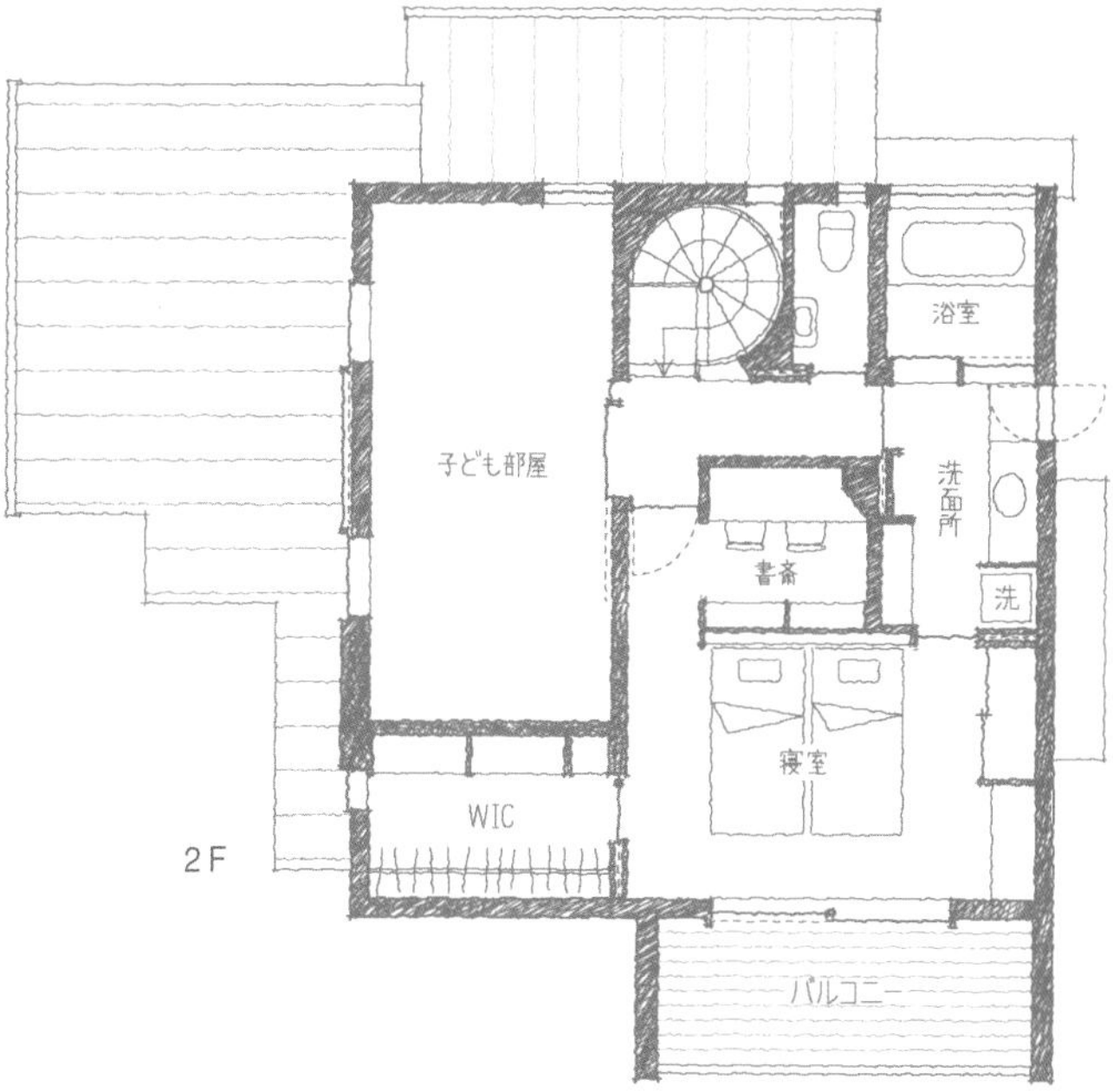

オトコヨウゾメ

ウグイスカグラ

シラカシ

シソ

セージ

アオダモ（撮影／栗田信三）

b ポタジェ・テラス

ダイニング前のテラスに食い込むような形で植栽スペースを設けた。木陰をつくる木を植え、観賞用の草木と野菜やハーブを一緒に育てる。食用にはシソやセージ、フキ、ミツバといった育てやすいものから植えて実験中。塀を立てて外からの視線をカットし、落ち着ける内庭に。パラソルやベンチを置いて、飲食しながらゆっくり過ごせる。

造園家・小林賢二さんに聞く

庭づくりのコツ

「面積は小さくても、土さえあれば
暮らしを豊かにする庭を生み出せる」という小林さん。
規模の大小に関わらず眺めて美しく、
歩けば楽しい庭づくりのコツを語ってもらった。
後半ではコツを生かした実例を紹介する。

小林賢二
1964年長野県生まれ。明治大学、桑沢デザイン研究所で建築・デザインを学び、剣持デザイン研究所、苑環境計画を経て、1993年より小林賢二アトリエ主宰。土・石・水・草木を主な素材にした造園・造形・アートワークの制作を行い、個人住宅の庭から商業施設・パブリックスペースまで幅広い領域で活動中。

Part 1

美しい庭づくり・20のコツ

小林さんが長年の造園デザインの経験から得た、自然で楽しみの多い庭づくりのエッセンスを抽出した。

写真　小林賢二（P150〜171）

コツ1

デザインの「骨格」をしっかりつくる

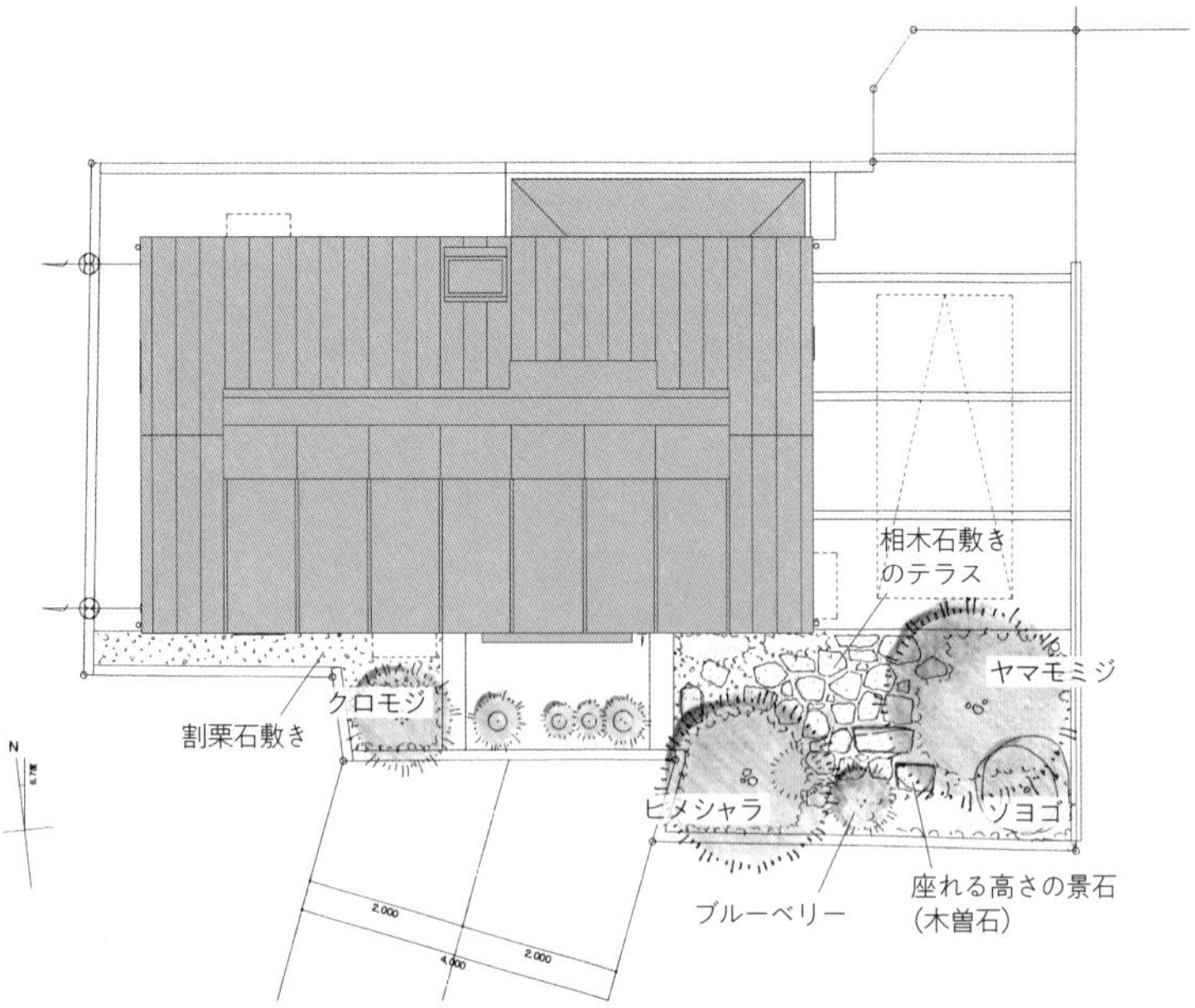

主要な木と石だけを計画した造園プラン「Sさんの家」／設計・施工：相羽建設

右／初期工事はここまで。大振りの石が庭の焦点として効いている。左／まわりの下草が少しずつ増えてきた。

庭の大小に関わらず、デザインの骨格がしっかりできていれば、たとえ植物が入れ替わっても、見栄えのいい風景や過ごしやすい屋外の空間を保てます。

例えば、植物を植えるスペースと石を敷くスペースをはっきりと分ける、シンボルツリーやアイストップとなる木を早い段階で決めておくなど、グランドデザインを整えておきます。

上の「Sさんの家」では、アプローチからのアイストップになるヤマモミジ、2階の窓辺に届くヒメシャラ、数本の低木、子どもが座れそうな石舞台、敷石《しきいし》のテラスまでを初期工事として計画・施工しました。残ったスペースは、住み手が低木や下草を植えるなどして、時間をかけて手を入れていく提案に。

単純な構成の小さな庭ですが、少し意表をついた大振りの石を持ち込んだことが功を奏し、ヤマモミジやヒメシャラと共に風景の骨格となり、個性あふれる庭になりました。

敷地のまわりに生えている木々と同じものを自分の庭に植えれば、周辺と一体となったまとまりのある風景、花の景を楽しめます。近くで元気に育っている木はそこの環境に適しているということ。

「Mさんの家」は、南を緑道と接する立地。そこで見られたサルスベリとイロハモミジとナンテンを、植栽計画に取り入れました。サルスベリは、緑道のピンクとは異なる赤花の品種を選択。ナンテンは、赤実ではなく白実のものを植えました。緑道の緑とつながることで、庭の広がりが生まれます。そして緑道側も、Mさんの家の庭とつながることでより豊かになっています。

まわりに合わせるだけでなく、まわりを含めて考えると、自分の庭にとどまらず楽しみの領域が広がります。例えば近くにサクラがあれば、自分の庭にはサクラより先に咲くコブシやモクレンを植えたり、サクラの後に咲くハナミズキやジューンベリーを植えたり。周辺環境を含めて一年の花木のストーリーを組み立てると、季節の移り変わりを味わえます。

コツ2

まわりの街並みと手をつなぐように

上／緑道から見た南側の様子。プライバシーを保ちつつ、緑の風景が自然につながっている。「Mさんの家」設計／関本竜太／リオタデザイン　施工／宮嶋工務店　下／緑道の緑が庭の続きのように感じられ、潤いを増してくれる。

木も草も、成長の仕方や成長の速度はさまざま。庭の広さや将来の姿を想像して選ぶ必要があります。その場で素直に成長していくだけの木もあれば、根茎を横に伸ばして陣地を広げていく木もあります。それを知っておかないと先々風景に支障をきたしたり、管理が大変になったりすることが多々あります。枝葉を横に広げて育ち剪定を嫌うサクラなどは、広い庭でないと植えられない木。成長は早いけれど比較的まっすぐ上に伸びるヒメシャラは、建物のやや近くに植えても管理が可能です。成長がゆっくりのアオダモも、狭い庭での高木の選択肢としてよく見かけます。

草も同様で、その場所で株を大きくしていくものもあれば、地上や地下で茎を伸ばして新しい株を増やしていくもの、こぼれ種で増えていくものなど、多様です。増えても簡単に抜けるものもあれば、笹のようにはびこると厄介なものも。成長の仕方の特徴を知って計画することは、とても大切なことです。

コツ3

成長の仕方を知って、将来の姿を見通す

上／自宅の庭にあるコバノズイナ。高さは2mぐらいに収まる低木だが、横に広がる性質がある。この特性が活かされ、一株から数年で建物の角を覆うまでに育った。下／縦に伸びるヒメシャラは、建物の近くに植えても管理しやすい。

コツ4

高木は落葉樹中心、低木・下草に常緑を

右／武蔵野の面影を残す八国山緑地。落葉樹ばかりの冬枯れの風景の中で、クマザサが輝く。左／冬に存在感を増す、根締めに入れた常緑のヤブコウジ、ヤツデ、キチジョウソウ。

昔の日本の庭は、どちらかというと常緑樹が中心でした。武家の庭づくりで発展してきた一面もあり、年じゅう青々した常緑樹は繁栄の象徴としても好まれたようです。現代になると、季節ごとに変化する雑木林の美しさが見直されるようになります。常緑樹中心の庭に比べるとプロによる整枝剪定の回数を減らせることもあり、近年は落葉樹を中心とした庭がますます人気を得ているようです。冬に潔く落葉したあとの、木立の美しさもなかなかいいものです。

左の写真は、武蔵野の面影を残す東京郊外の緑地に隣接する住宅の庭です。さほど広くないエントランスのまわりには、半日陰に合う落葉のツリバナとクロモジを植栽し、更に日陰に強い常緑のヤブコウジとヤツデ、キチジョウソウを根締めとして植えました。露出した土の面積が大きい庭は、仕上がっていないような印象になることもあります。落葉樹が裸になった冬場にそれを避けるため、常緑の低木・下草と石で風景を支えるように計画します。

落葉のツリバナ、クロモジをエントランスに。軽やかな梢がそよそよと風に揺れる。「Nさんの家」設計・施工／相羽建設

自然風の庭づくりで昔からまず言われることは、木も石も三つが一直線に並ばないようにすること。等間隔にもなることも避け、不等辺三角形を意識して配置を考えます。「軽井沢の家」では、周囲の自然に溶け込むような、モミジ類を中心にした雑木の庭を構想しました。図は、平面図に描いた主要な木を破線でつなげてみたもの。自然風につくろうとプランを考えると、いつの間にか不等辺三角形になっている、というのが本当のところかもしれません。好きなように考えて、何かしっくりこないと感じたときに、不等辺三角形を思い出すと是正できることが多いです。

造園工事では、描いたプランをベースに、現場で合わせながら配置します。三本の木が一直線に並んでいる部分に違和感を抱き、中央の木を少し動かしたらしっくりきた、ということもありました。これは、あくまでも自然風につくりたいときの手引き。整形なデザインもありますし、ルールにとらわれ過ぎないことも肝要です。

コツ5

木も石も不等辺三角形を描くように

ひとつの開口から眺める庭。不等辺三角形に配植されている主要な３本の木。

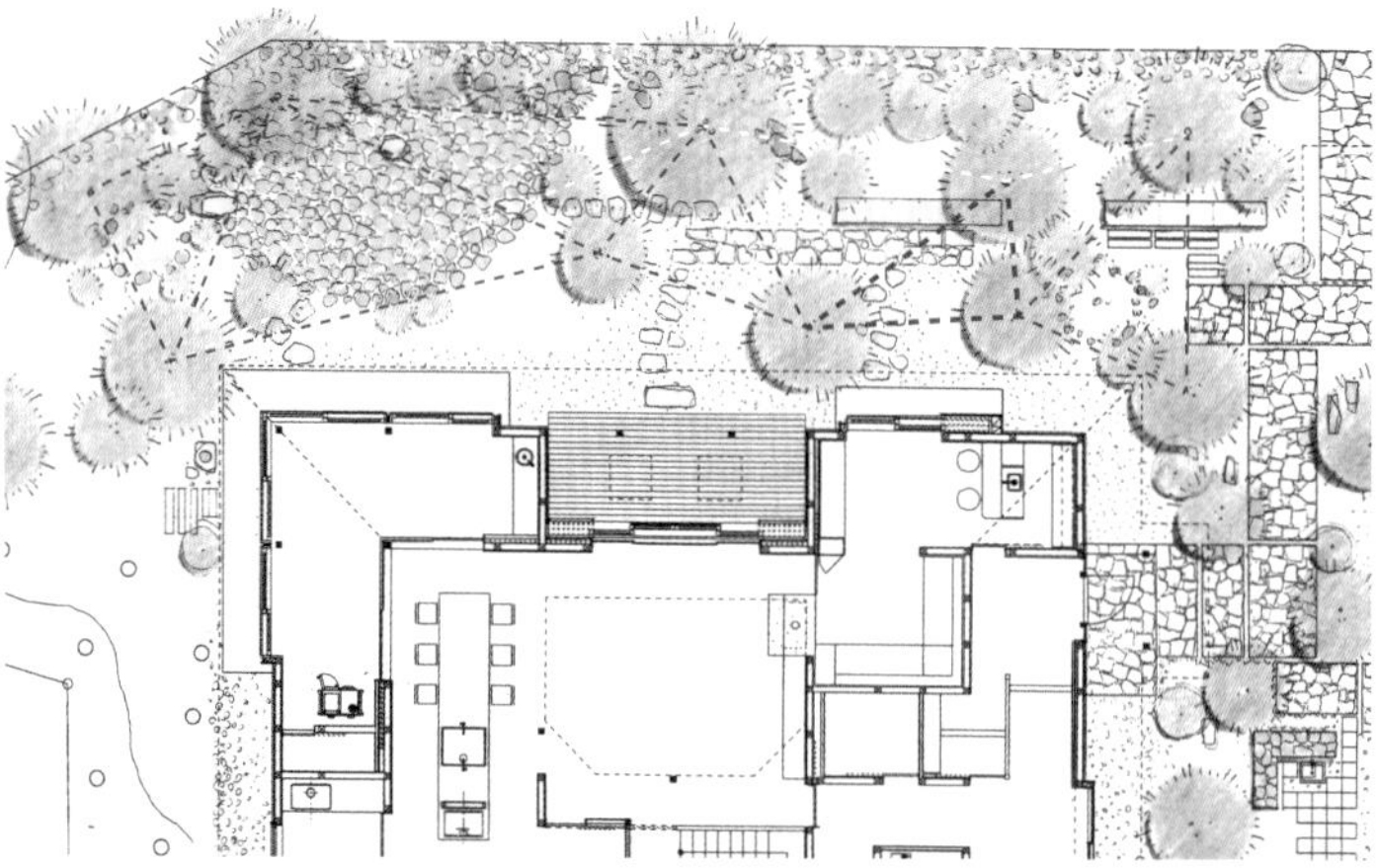

本数が増えても不等辺三角形を連続させることで、自然の林のような風情になる。「軽井沢の家」設計／田中敏溥建築設計事務所　施工／フォレストコーポレーション

コツ6

木の位置・大きさを立面図でも考える

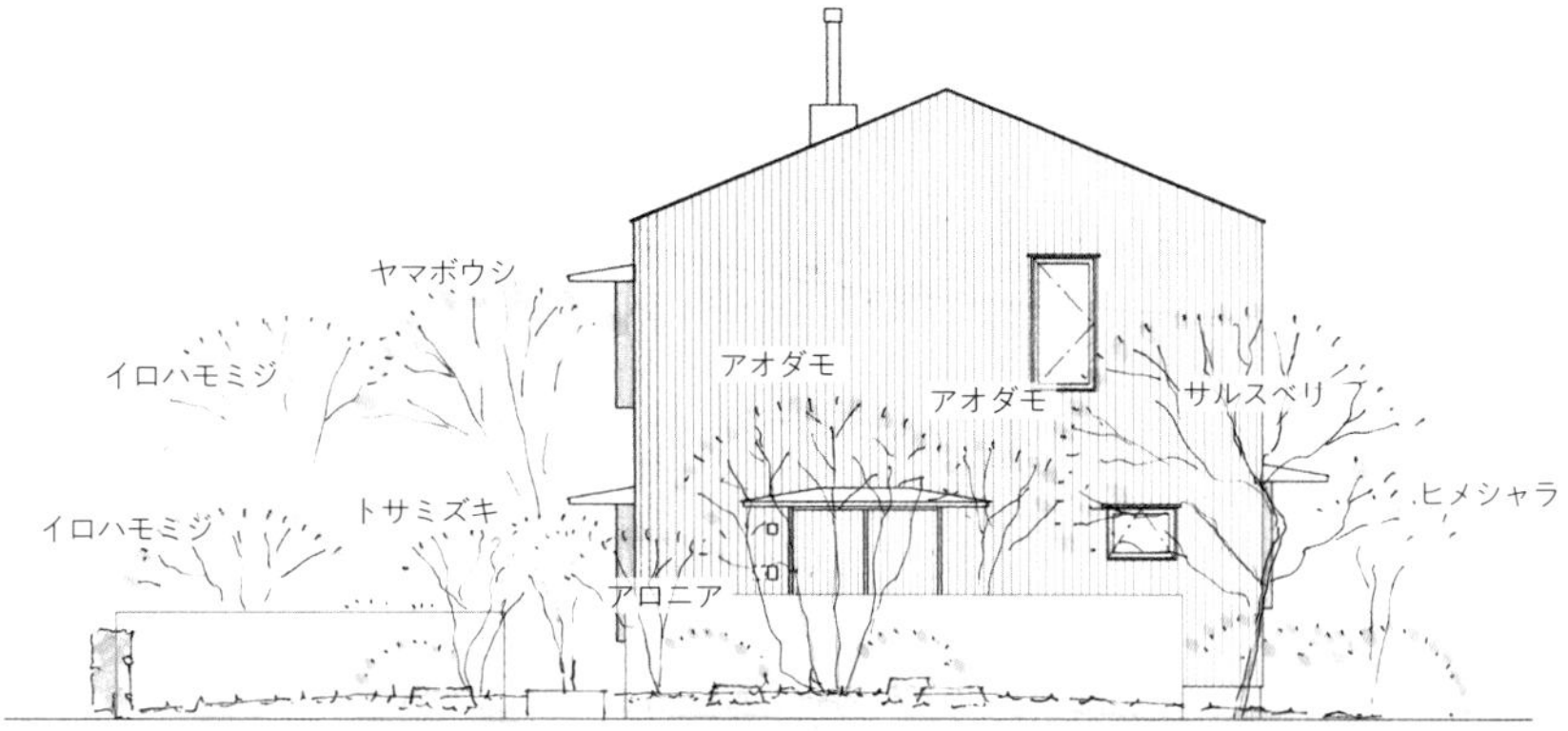

一本立ちのサルスベリ、フワッと広がる株立ちのアオダモなど、具体的な形状寸法を当てはめて描いた立面図（上）と、実際の様子（下）。「あさひの家」設計／伊礼智設計室　施工／あさひワークス

植栽の計画は、平面だけでなく立面の検討が大切です。高さも念頭に置きながら平面図を描きますが、家の外からどう見えるか、街並からどうつながるかといった全体の風景は、立面図を描いてみないとわからないものです。窓の位置との関係や部屋の中からどう見えるかも立面図で確認します。木の成長速度や管理の仕方にもよりますが、植えて数年は枝葉の位置などがそれほど変わらないことが多く、実際に植栽する木の枝葉の範囲と開口の関係までチェックできれば、完成度は上がるでしょう。数年後に窓辺に届けばいい、といった先を見据えた計画も考えられます。

姿の良い木を何本か並べても面白味のない景色になってしまったら、立面の検討不足が原因かも。立面でも木の高さが不等辺三角形になるように意識すると、変化が生まれて単調さを避けられます。当初から完成を求めずに、苗木から時間をかけて庭を育てる場合は、成長した姿を立面図に当てはめて想像するといいでしょう。

コツ7

放っておいても形が整う木は重宝する

右／早春のクロモジ（以前のアトリエの庭）。苗木から3.5mぐらいに成長するまでに、15年かかった。枯れた枝を抜く以外の手入れをしていないが、いい姿を保っている。左上／クロモジの冬芽。左下／アセビは成長がゆっくり。「旭舎文庫」

十年ぐらい前から一番好きな木は何かと聞かれると、クロモジと答えています。以前はヒュウガミズキでしたが、どちらも春の開花、新緑から夏の緑も楚々として、秋の紅葉（黄葉）にも味わいのある木です。加えてクロモジは冬芽のかわいらしさにも魅力があります。

四季折々に移り変わる表情を楽しめて、ある程度放っておいてもＯＫ。大きくなりすぎず、手間をかけなくても美しい姿を保ちます。まったく手入れが不要というわけではありませんが、枝が暴れる木や成長が早くて整枝剪定が欠かせない木、病虫害が多い木に比べると、気になる枝が出たら切るぐらいの軽い手入れでＯＫです。

刈り整えない自然樹形のドウダンツツジやナツハゼ、マルバノキなどもおすすめ。常緑のソヨゴやアセビも、成長がゆっくりで経年しても形があまり変わらない性質は重宝です。なお、広い庭にサクラやケヤキ、モミジなどの高木を植える場合、切らずに自然に育てれば形が整います。

コツ8

低木と呼ばれる木もシンボルツリーになる

右／高さはなくても、威風堂々としたドウダンツツジがこの庭の焦点。左／高さ 3m を超えてきたシロモジを中心にした庭。これ以上はさほど大きくならない。どちらも「つむじ」相羽建設展示場

シンボルツリーというと、高木と呼ばれる樹種の中から選びがちですが、庭のスケールにより高さ２ｍほどでも庭の焦点になりえます。小さな庭に高木を植えてしまうと、後年強い剪定を強いられて不格好になってしまうことも。小さな庭を高木にならない木で構成するのは、賢い選択です。

また、低木とされ、高さ１ｍ前後で管理されることが多い木でも、刈り込まずに伸ばせば３ｍぐらいに成長するものは多いです。低木としてポピュラーなツツジの仲間もそう。シャクナゲやオオムラサキツツジ、ヒラドツツジなど花が楽しみな常緑樹もあれば、落葉のドウダンツツジやブルーベリーを主役に据えるのもいいでしょう。

前項で紹介したクロモジもしかり、同科のシロモジやダンコウバイも大高木にはならないので、小さな庭のシンボルツリーとしておすすめです。ヒュウガミズキも３ｍぐらいには育ちますし、近縁のトサミズキはもうひと回り大きくなるので、小さな庭にはほどよいサイズです。

コツ9

株立の木には小さな林の風情がある

根元から数本の幹が立ち上がる株立（かぶだち）と呼ばれる樹形があります。1本でも奥行きを出せ、2本植えれば小さな林のような風情がつくれるなど、自然の形を生かしたさまざまな使い方、組合せを楽しめます。野趣も感じられ、一本立ちの木に比べると栄養を分かちあうため成長が抑制される点も使いやすさのポイントです。

相羽建設の「つむじ」という住宅展示場では、入口側にハナミズキ、サルスベリ、サトザクラなど、一本立ちの木を点々と配置して、奥に向かうにつれてヤマボウシ、ヤマモミジ、ハウチワカエデ、アズキナシ、アオダモ、アブラチャンといった山取りの株立の木を多用しています。都市的な風景から奥まった自然な雰囲気へと変化させることを意図しました。

幹が複数あると、どれかが虫の被害に遭ってもその幹だけ切ってほかを助けられるケースも。ヤマボウシやジューンベリーなど、ひこばえ（根元から生えてくる若芽）で株が増えやすい木は、古い幹を切って新しいひこばえを育て、大きくならないように若返りを図ることも可能です。

小さな小屋に向かうアプローチに植えたアオダモ。2本だけだが、株立のおかげで奥行きが感じられる風景に。「つむじ・舎庫」 設計／Koizumi Studio　施工／相羽建設

右／山取りのヤマモミジを2本。建物の根元から実生で育ったようにも見える。「江古田の家」設計／伊礼智設計室　施工／相羽建設　左／どこから見ても美しいシマサルスベリを中心に、屋外からも屋内からも回遊して眺められるように計画。「丸徳家具店」設計／Koizumi Studio　施工／福田建設

コツ10 八方美人と一方美人（?）の木を使い分ける

造園で使う木は、畑で育てたものと山で育ったものがあり、それぞれに違った個性と、ふさわしい使い方があります。

一本の木を中心に回遊するような庭には、「八方美人の木」が似合います。広い畑で素直に育ち、全方向にバランス良く枝葉を伸ばした木。ケヤキやハナミズキといった街路樹にも見られる木は、均一に育つものが好まれ、八方美人の木として選ばれることが多いです。

一方、山の中で大高木を背に育ったヤマモミジやハウチワカエデ、アオダモなどの雑木類は、枝葉を伸ばせる方向が限られるため、樹形に傾きや動きが生じてきます。こうした樹形の木を、建物を大高木の代わりと考え、傾きを活かして植栽すると、元々そうであったかのような自然な風景になります。

一方向に勢いがある木は、数本を寄せて植えるのにも向いており、見る場所によって様子が変わるので、動きの感じられる庭の風景をつくれます。

コツ11

木を混植して、自然の景に近づける

右／雑木林の中、コナラの株元からウワミズザクラが生まれ育って同居している。混植するなら、好む土壌環境が同じ樹種を選びたい。左／アオダモ、シロモジ、ヒュウガミズキと数種の低木を混植。「好日の庭」小林賢二アトリエ

山取りの木を植えると、株元から別の木が芽生えて育ってくることがあります。大きな木の株元に種が吹き溜まっていたのでしょう。自然の中ではそのまま育つこともあれば、淘汰されてしまうことも。雑木林を歩くと、いくつもの樹種が寄りそって生きている姿を目にします。

庭で意図的にこの混植を真似るのは面白く、効用もあります。例えば、日照に強い木を南西に向けて、これを背にして日陰を好む雑木を添えます。数本でひとかたまりの景色をつくるので、一本一本の枝葉の量をコントロールして、あまり大きくさせないことも可能になります。

以前のアトリエの庭にも、アオダモとクロモジとヒュウガミズキを寄せ植えしていました。大中小とバランスのとりやすい組み合わせです。引越しで移植したところ、クロモジが8割ほど枯れてしまい、まだ華奢なシロモジに入れ替えました。やがてシロモジがヒュウガミズキより背高く育ち、バランスがとれるはずです。

漫然と計画するよりも、なにかひとつテーマをもうけると庭に楽しみが増して、個性も備わります。全体をテーマに合わせてもいいですし、コーナーをつくるだけでもいいと思います。

例えば、食べられたり、実がなったりする草木を集めたキッチンガーデンや、四季を通してどこかで香りを感じられるフレグランスガーデン。あまり一般的ではないかもしれませんが、いつでもどこかに赤い実がある小さな庭を、小屋のまわりに計画したこともあります。

花色もテーマのひとつになるでしょう。どんな花がいいか決めかねる場合、私がよくやるのは白い花を中心にした庭づくりです。飽きがこず、他のどんな花色とも調和するのがいいところです。

モミジ類を中心にした、紅葉が美しい庭もいいものです。多様な葉っぱの形状を集めたり、幹の色の違いにもこだわったり。

テーマのある庭づくりは、計画の過程も楽しく、アイデアが湧きやすいでしょう。

コツ12

テーマをもうけると、植栽選びがより楽しい

上／香草、日本のハーブにあたるような野草を集めた半日陰のコーナー。ユキノシタ、ミツバ、ニラ、ヤブカンゾウ、コゴミは、葉っぱの天ぷら、新芽のおひたしが美味しい。下／四季折々の花を楽しむ日溜まりの小径。

コツ13

変わっていく植物と、変わらない石

上／水平ラインが印象的な、建築に呼応するように構成した庭の石。「ギャラリーひのすみか」設計／田中敏溥建築設計事務所　施工／小林建設
下／濡れると変わる自然石の色。植物への水やりを楽しいものにしてくれる。

日毎、季節ごとに変容していく植物と変わらない（遅々とした変容を遂げていく）石が、私の庭づくりの主な素材です。できればコンクリートやモルタルといった人工の素材は持ち込まずに、石は土の上に置くだけ、草木にはここに来ていただくだけ。剥き出しの大地の恩恵を大切にした庭づくりをしたいと思っています。

石がなくても庭はつくれますが、生まれたり朽ちたりする植物の姿は、石の隣にあってこそ面白い、と思うことが少なくありません。変わらない石と、毎年同じ営みを繰り返す植物への信頼の上に造園計画を組み立てます。一方で植物や水、風や光が生み出す意外な造形や偶発的な出来事は、予測しながらとはいえ、作者の意図を超えて現れることが多く、このふたつの側面が庭の魅力になります。

いつでも、そこに行けば出会える風景、そして、変わっていく風景。その「安心感」と「ときめき」を住まいと共につくり上げ、育てるのが庭づくりの醍醐味です。

右／水に濡れると変わる色も、自然石の魅力。左／歩きやすくするという機能だけでなく、視線を遊ばせるための飛石の道。「つむじ・舎庫」設計／Koizumi Studio　施工／相羽建設

コツ14

飛び石は「わたり三分、景七分」に

飛石の打ち方で、千利休は「わたりを六分に、景四分」と言い、古田織部は「わたり四分に、景六分」と言ったそうです。「わたり（渡り）」とは、歩きやすさ。実用を重んじた利休と、景観の美を重んじた織部とを比較した話です。

庭の景色に面白みを加えるモチーフとして、大地に打つ飛石は絵心をくすぐる要素。大勢の来客を見越した庭では、機能的な園路が必要ですが、プライベートな庭ならもっと自由でいい。

織部の景は、とても大きな飛石を据えるなどの工夫ですが、私は小さい石を混ぜるのを好みます。上の写真にあるような5mほどのアプローチは、株立の雑木と小さな石を多く使った飛石の構成で、実際以上の奥行きを感じさせることをねらってデザインしました。歩きづらい飛石ですが、足が石からはみ出て芝を踏んでもいいじゃないか、という発想です。「わたりを三分に、景七分」。機能から解放された自由さをもてるのも、個人の庭の美点です。

庭の面白味は、石の存在によって倍増します。特別な銘石や、大きな石である必要はありません。川辺で拾った少々の川石を持ち込んだり、庭づくりの途中で土の中から出てきた小石を集めて敷き並べたり、ありふれたグレーの砕石であっても、色の濃淡で並べ替えグラデーションをつけるだけで面白みが出せます。

私はこれまで、アトリエを三度移転しました。最初の2カ所は木造アパートで、現在は平屋の一戸建て。どこでも空き地を使わせてもらって庭づくりをしてきましたが、賃貸のため移転前提で考える必要があり、重い石材を置くことには二の足を踏みました。そこで、いつもひとりで持ち運べる程度の小さい石を使って工夫を凝らしてきました。ここに上げた写真はすべてアトリエのもの。敷き詰めたり、積み上げたり、見せ方もさまざま。植物との絡ませ方も考えてあります。

小石を使って庭にイメージを描くことは、造園家でなくでもできる手軽で効果的な方法としておすすめです。

コツ15

小さな石で＋αの遊び心を添える

右上／最初のアトリエの庭。ギボウシの近くに並べた石は、冬枯れて姿を消すギボウシの居場所の記録。右下／ややアーティスティックな３番目の庭。黒御影石の球を効かせて。左／２番目の庭。ひとつの川石や、ただ積み上げただけの砕石がポイント。

コツ16

その場にある材料を生かさない手はない

上／石積みに使われていた材料を再利用してつくった風景。長年ここにあった石なので、竣工時から馴染んだ。「西浦の家」設計／Koizumi Studio　施工／空間工房LOHAS　下／土の中から出てきた小石を集めて、水辺のような雰囲気づくりに再利用。

小泉誠さん設計の「西浦の家」は、みかん畑に面する三方を石積みで囲まれた敷地にあります。一辺の石積みが崩れて、古い間知石《けんちいし》（石垣や土留に用いる四角錐状の石材）のような石がゴロゴロと「使ってください」とばかりに残っていました。

　小泉さんに屏風のようなコンクリート擁壁を計画してもらい、これを取り巻くように、既存の石を使った崩れ積みと階段でアプローチを構成。既存の石がなかったら思いつかなかったデザインです。

　同じく小泉さんと協働した「丸徳家具店」（p161）も、古家を解体したあとの地中から出てきた栗石や石材を、飛石や敷石に利用しています。長く建物を支えていた石材が表に出て、今度は風景を支えることになりました。

　その場にあったもの、土中から出てきたものは、処分しようとするとコストも発生する厄介者ですが、ストーリー性のあるギフトとして捉えればイメージが豊かになり、当初は思いも寄らなかったような庭づくりのきっかけになります。

コツ17

小さくても水辺があると、潤いが格段に増す

自然な形の石に水穴をうがっただけのものや、石臼として使われていたものを水鉢に転用したものも。形の良い玉石を半分に切って穴をうがち、磨いたのは小林賢二アトリエ製の水鉢。（写真左上と右下）

土、石、緑、風、光、そして「水」。これらは人間の生活環境にとって大切な要素です。小さな庭では欲張りすぎもいけませんが、池や流れをつくるような工事をしなくても、小さな水鉢を置くだけで潤いや安らぎを感じることができます。

以前アトリエの庭に置いていた小さな水鉢には、シジュウカラやメジロ、ヒヨドリがよく来て水を飲み、水浴びをしていました。ボウフラが湧かないように注意しながら、野鳥のために水を足していました。

蚊の発生時期は、少なくとも一週間に一度水を入れ替えれば大丈夫。植物のきらめきとはまた違う光が、水によって生まれます。水辺が好きな植物を近くに植えれば、植栽計画の要素がより豊かにもなります。

水鉢は、庭の添景物としても貴重な要素です。個人的にはクセのない形が好きですが、古くから手水鉢に使われていたさまざまなスタイルがあり、石に限らずモダンな物も含めて選択肢は豊富。脇役でなく、存在感のある水鉢を焦点にしたデザインも考えられます。

コツ18
日陰の庭には、日陰ならではの風景を

近年の夏の猛暑は造園にも大きく影響し、日当たりの良い南の庭で多様な植物を楽しむには、植栽の仕方に工夫を凝らす必要が出てきました。暑さにも強い木、ジューンベリーやドウダンツツジなどの出番が多くなっています。

一方、日陰の庭の方がかえって植栽計画が立てやすく、その後の管理も気楽です。日向でないと花付きが悪い樹種は多いですが、日陰・半日陰で育つ植物もたくさんあります。中でも雑木類の中低木は日陰を好むものが圧倒的に多く、楚々とした枝ぶりは日陰の庭でこそ引き立ちます。林床で育つ低木や野草類は、そもそも日陰好きなので、建物の北側はピッタリの環境です。

斑入りの植物も日陰に合い、明るい葉色は暗い日陰でこそ効果を発揮します。日向よりも花は遅れて咲き始めて長く楽しめ、雑草の管理や水やりの手間は格段に少なくてすみます。そして錆色、暖色系の石や砂利を持ち込むのが、日陰の庭を明るい印象に変えるコツです。

上／南に開いた庭だが、メッシュフェンスにテイカカズラを這わせて地面を半日陰に。ギボウシやフウチソウ、ユキノシタ、日陰好きの下草が元気に育つ２番目のアトリエ。下／日陰の方が、葉色の違いが鮮明に見える。

コツ19

わずかな高低差でも、物語が生まれる

写真の右側にある隣の芝庭のレベルにそろうよう、土を盛ってつくった小径。「ギャラリーひのすみか」小林建設展示場

手前と奥のレベル差を解消するためにデザインした緩やかなスロープ。「つむじ」相羽建設展示場

露出した地面は、掘ったり盛ったりできるのがいいところ。写真上の例では、隣家の芝生の庭とこちら側に60cmの段差があり、風景として分断されている印象でした。そこで、隣地寄りだけ土を盛ってレベルをそろえ、境界は植栽で緩やかに仕切りながら、お互いに広々とつながるようにデザインしました。座れるくらいの高さに木曽石の土留めを施し、上は花の散歩道、下は大らかな芝生広場と、立体的な構成で目も足も楽しませます。

写真下の例では、30cmほどの高低差を段状に解消するのでなく、緩やかなスロープに造成。石敷きのアプローチに仕上げることで、微かな高揚感を生んでいます。

やや大掛かりにはなりますが、地面に起伏をつけることは、コストをかけずに庭の印象を大きく変える効果的な手段です。木も、平坦地ではなく土盛りして植えれば変化が生まれます。庭の奥の方を高く盛るか、手前を掘って低くすれば、奥行きが出せます。

3度目になるアトリエの庭づくりを始めて一年。仕事とは違って設計図は書かず、庭と直接向き合って思いめぐらせながらつくっています。何度でもやり直しがきく自分の庭だからこそできることです。

前の庭から移植したアオダモ、クロモジ、ヒュウガミズキ、ソヨゴの配植だけ動かさなくていいように慎重に決めて、新しい庭づくりがスタート。石を適当に置き数日眺めては動かしていましたが、細長い白御影石を不等辺三角形に配石するとしっくりきました。似合うと思い多めに入れたシュウカイドウが夏の暑さに弱る一方、たった一株のワイルドストロベリーが増殖。クロモジの数本の幹が枯れてしまうなど、庭づくりにはハプニングがつきものです。

トライ&エラーは、環境に合う植物を教えてくれます。最初から完璧にならなくても、毎年季節はめぐり、草木は育ちます。どんどん変えていいのだと思えればいろいろなアイデアも湧き、庭に関わることがますます楽しくなるはずです。

コツ20

やってみて、おかしいと思ったら直す

上／3番目のアトリエの庭。主庭は、陽あたりの良い南の庭。前の庭から移植した日陰好きの下草たちには木陰が必要だが、木がなかなか育たず苦戦中。下／引っ越してきたばかりの頃はこんなに殺風景だった。

造園家・小林賢二さんが手掛けた庭の実例を紹介。前章で述べたコツが、どんなふうに取り入れられているのか見てみよう。

CASE: 1

橋のような石に導かれた庭づくり

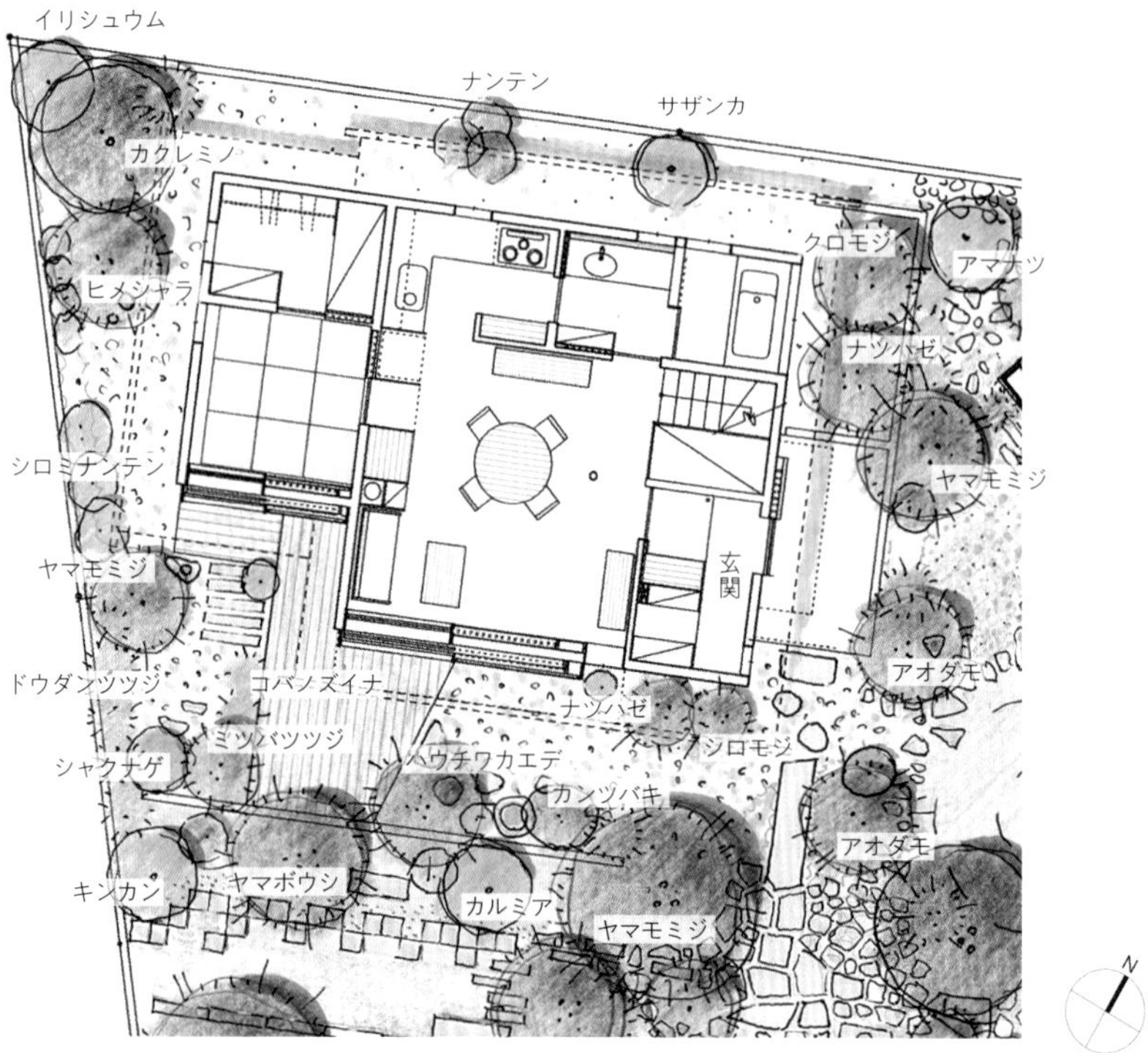

〈平面図〉

水辺を渡るようなアプローチ。渓流沿いに自生するヤマモミジの木陰、水辺のような清々しい風が感じられる風景に育ってきている。

加工した石が並ぶ前庭から、歩を進めると野面の自然石のある内庭へと移り変わる。

伊礼智さん設計のモデルハウスの庭です。具体的な注文がなく、なかなかデザインのとっかかりを見出だせなかったときに、細長い橋のような鉄平石と出会いました。これを敷いて、水辺を渡るようなアプローチにしようと思い立ち、庭のデザインに展開させています。

土を盛って小さな山に見立て、湧き出る水が川となって流れるストーリーを、庭のデザインで描くことに。水辺は割栗石で流れを表現し（枯流れ）、奥に向かって徐々に細かい石を敷きました。

橋のような石の手前と先を、どんな石でつなげようかと考えながら、橋の近くにはセキショウやギボウシ、クサソテツなど、水辺が好きな下草を選び、渓流沿いに自生する雑木であるヤマモミジ、ハウチワカエデ、ヤマモミジと枯流れ沿いに配植。

リビングと和室の二つの窓辺には、実際の水をたたえた石臼型と自然石型のふたつの水鉢を置き、それぞれの景色を楽しめるようにしました。

ひとつの石に出会わなかったら、まったく違う庭になっていたかも。自由な庭づくりの醍醐味です。

奥にある和室の窓辺。伊勢御影石の水鉢とヤマモミジの前景の先、細かくなった割栗石敷きが実際以上の広がりを感じさせる。

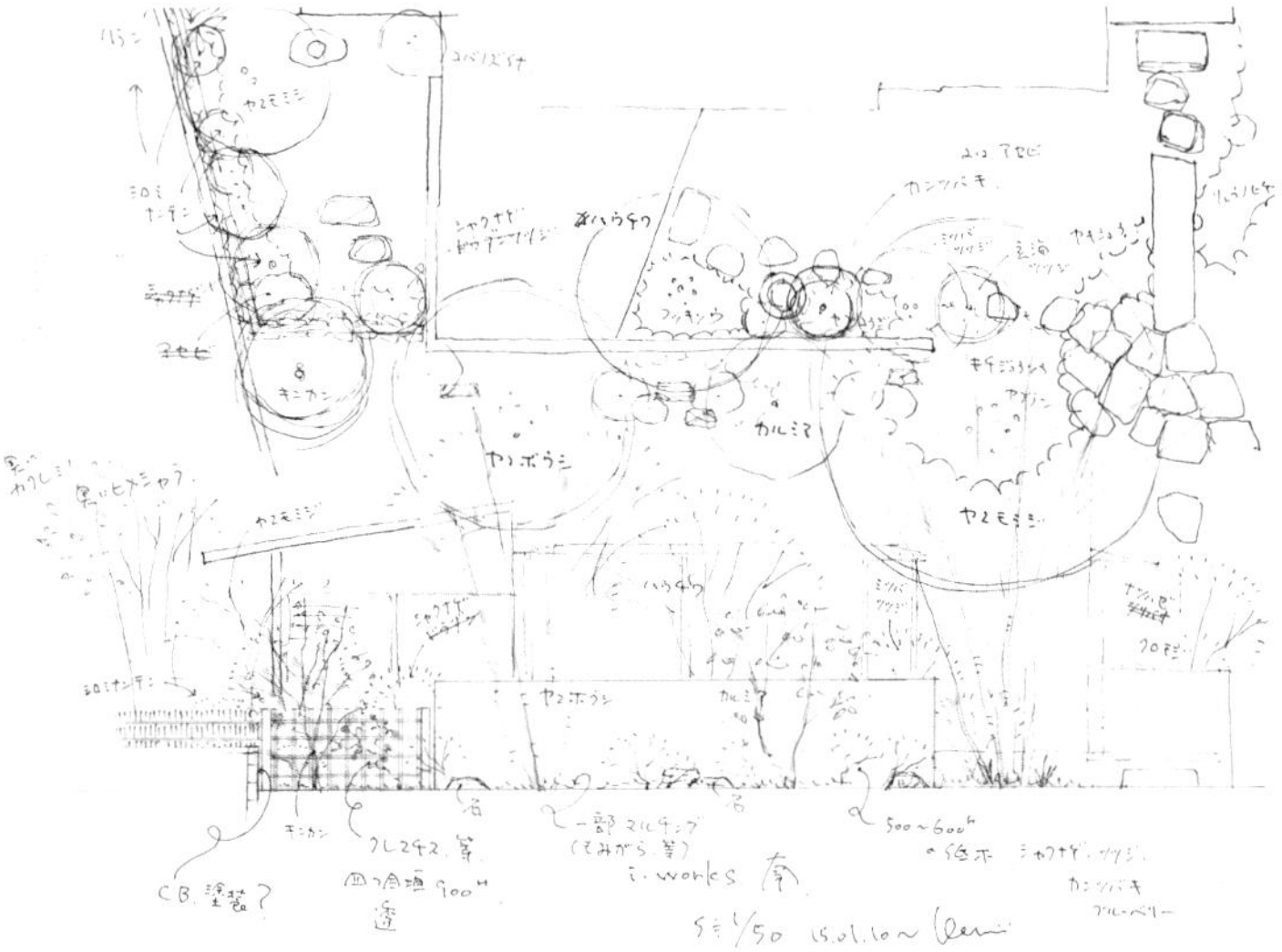

〈平・立面図〉 橋のような石から庭の骨格を考え始めて、平面と立面のイメージを同時に確かめながらスタディーしている。図面の仕上げに取りかかる前の一番楽しいとき。

細長い橋のような鉄平石の先に、丸みを帯びた伊勢御影石をふたつ置いた。家にたどり着き、ほっと心が緩むようなイメージを石で表現した。

Data

建物名	つむじ i-works 2015
敷地面積	186.36㎡（56.37 坪）
建築設計	伊礼智設計室
施工	相羽建設

 ［写真］撮影／小林賢二

CASE: 2

環境に寄り添い育つ奥深さのある庭

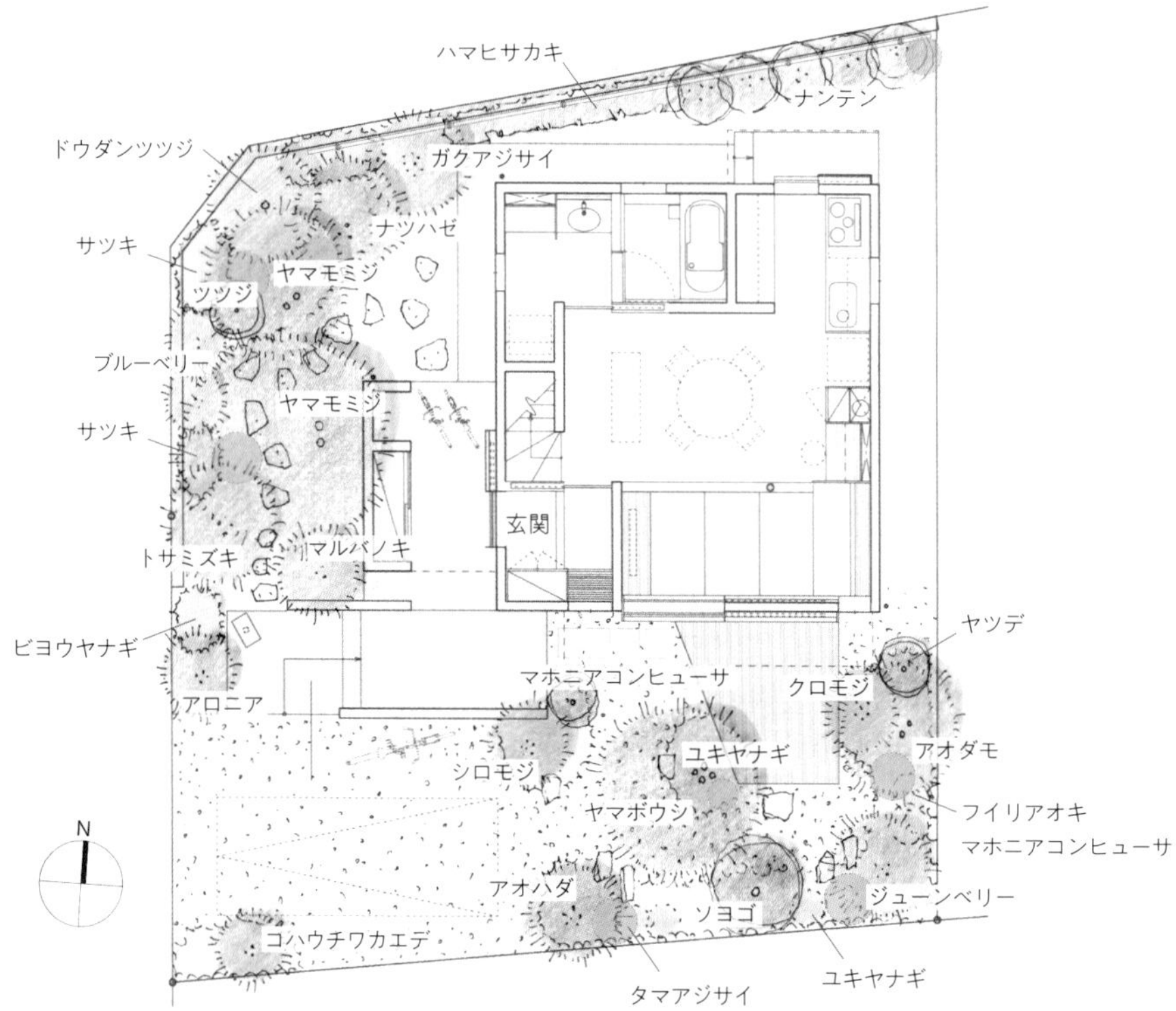

〈平面図〉

西側に向けたヤマボウシが、木陰をつくるウッドデッキ。東の隣地際にはアオダモとクロモジ、ヤツデ、アオキなどを混植。自然な趣のあるもうひとつのリビング。

ゆとりのある敷地に小さく建てて、南側の大らかな広がりをつくった。割栗石敷きとしたことで清々しい空気が感じられる。

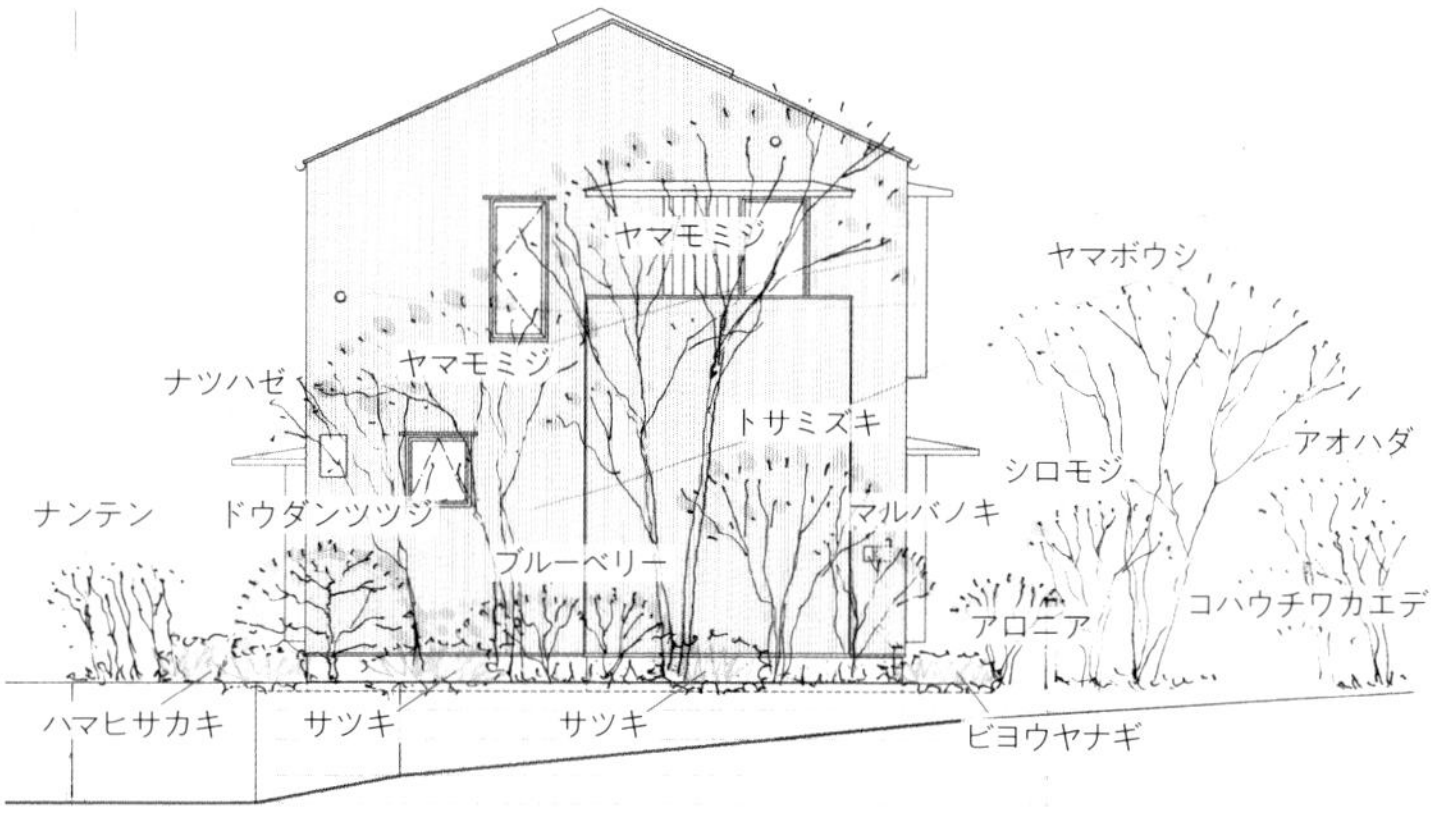

〈立面図〉

玄関ポーチやキッチンの窓辺から見える北側の景色には、隣地の緑を取り入れている。自宅の庭だけで完結させなくても、いい眺めをつくることができる。

小さな回遊性を持たせた路地も、隣地の緑と折り重なって奥深い庭に見える。隣地にも自宅の緑を提供していることになり、お互いにとってメリット。

Data

建物名	江古田の家
敷地面積	159.39㎡（48.22坪）
建築設計	伊礼智設計室
施工	相羽建設

北側道路を挟んだ隣地に広がる、モミジの多い庭とつながりをもたせたプラン。西側の通り沿いにも植栽スペースが用意された建築計画に応え、ヤマモミジとドウダンツツジの紅葉樹を中心に、隣地の緑と一体となり通りの風景が育っていくよう、まとまりのある緑地を計画しました。

玄関ポーチから小さな回遊性をもたせて並べた飛石の路地を歩けば、野山の中にいるような雰囲気も感じられます。南東角の庭の骨格をつくっているのは、一階リビングからつながるウッドデッキ。大窓の正面には、西陽の方に気勢を向けたヤマボウシを中心に、デッキを囲むように高中低木と下草を植栽。元々あった雑木林の隙間にウッドデッキを渡したかのように、自然な風景に育ってくれればと考えました。

年季の入った庭の隣に生まれた初々しい庭にも、ヤマボウシと二本のヤマモミジは、当初から二階の窓辺に届くほど悠々と育っていた木をあつらえました。

住まい手自ら、剪定の仕方を本で勉強し、大きく太くなりすぎないように手入れをしてくれています。

 ［写真］撮影／相羽建設広報部

CASE: 3

北側に向く
優しい光に包まれたリビングと庭

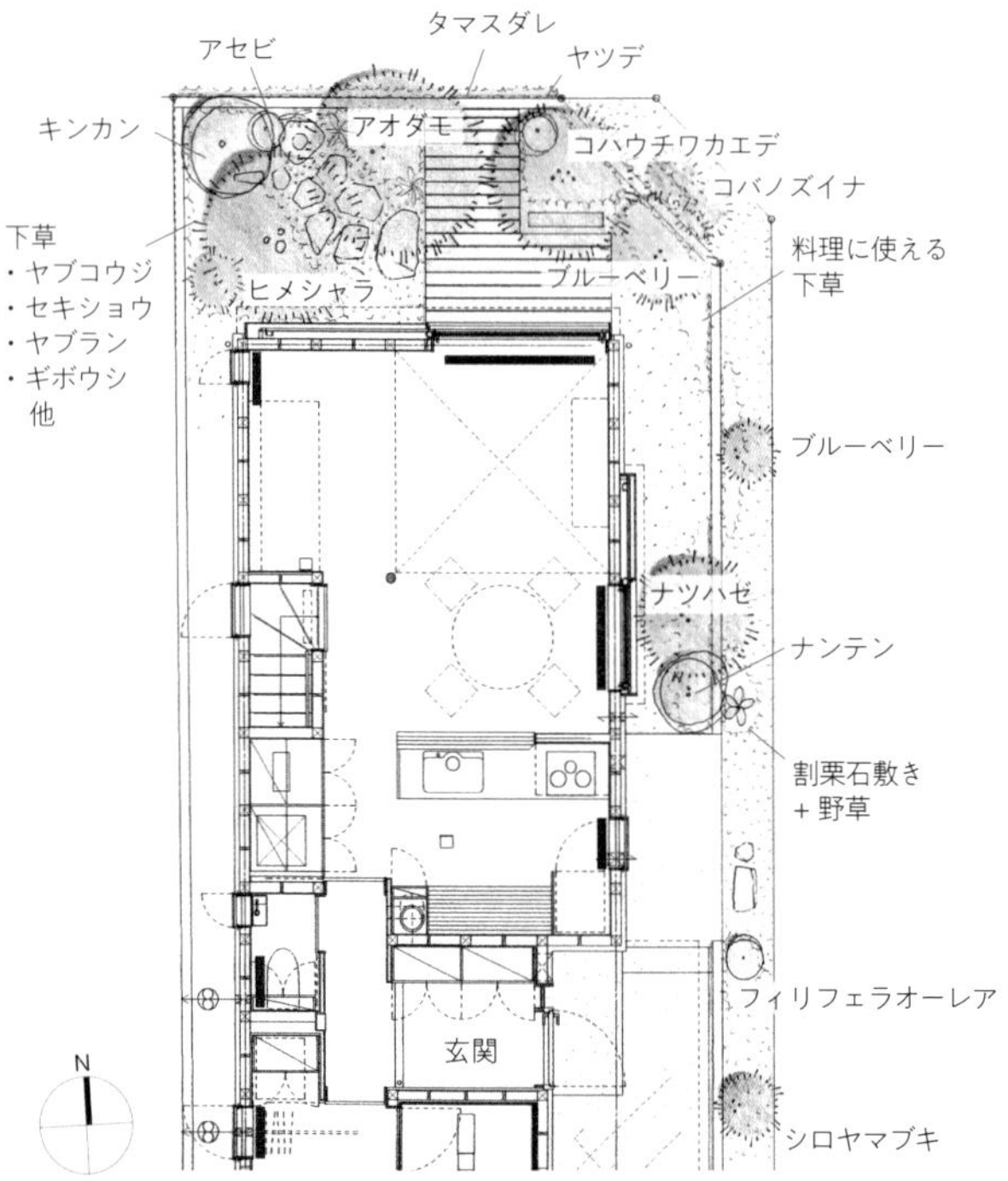

〈平面図〉

ウッドデッキの脇から窓辺に枝葉を伸ばす、とっておきの自然樹形のアオダモ。

リビングから続くウッドデッキが、部屋と庭を連結して暮らしの楽しみを広げる。造園計画と連携したいくつかの開口部の緑が白い空間の中に映え、室内に潤いをもたらしている。

南北に細長い敷地で、南に接する隣地側でなく、道路のある北側に向かいリビングが計画されています。

リビングの前には、駐車場一台分ぐらいの庭が。窓の近くに北庭の日照条件に合う植栽を施すと、庭の植物の放つ光が室内に安らぎとときめきをもたらしました。

北側といっても暗過ぎず適度な日照が枝葉に届き、株元への直射は少なく西日は遮られます。こんな場所を好むのはヒメシャラ。あまり横に広がらない特性も都合がよく、当初から二階の小窓に届く高さの株立ちを植えました。

一階リビングの主窓の焦点には、素直な樹形のコハウチワカエデを。そこに横から顔を出す、趣のある自然樹形のアオダモの枝葉が、奥の庭へと誘導しています。

リビング東の窓辺のナツハゼまで、半日陰を好む楚々とした樹形のラインナップ。南の庭と比べて成長もゆっくりで手入れも少なくてすむのも、北の庭のいいところです。

落葉樹の足元では、日陰を好むヤツデやヤブコウジ、キチジョウソウ、常緑の草木が元気に育っています。

北の通り側の広がりに可能性を見出した建築計画。建築北面に陽は当たらないが、庭で立ち上がる木々が光を集めて明るい雰囲気に。

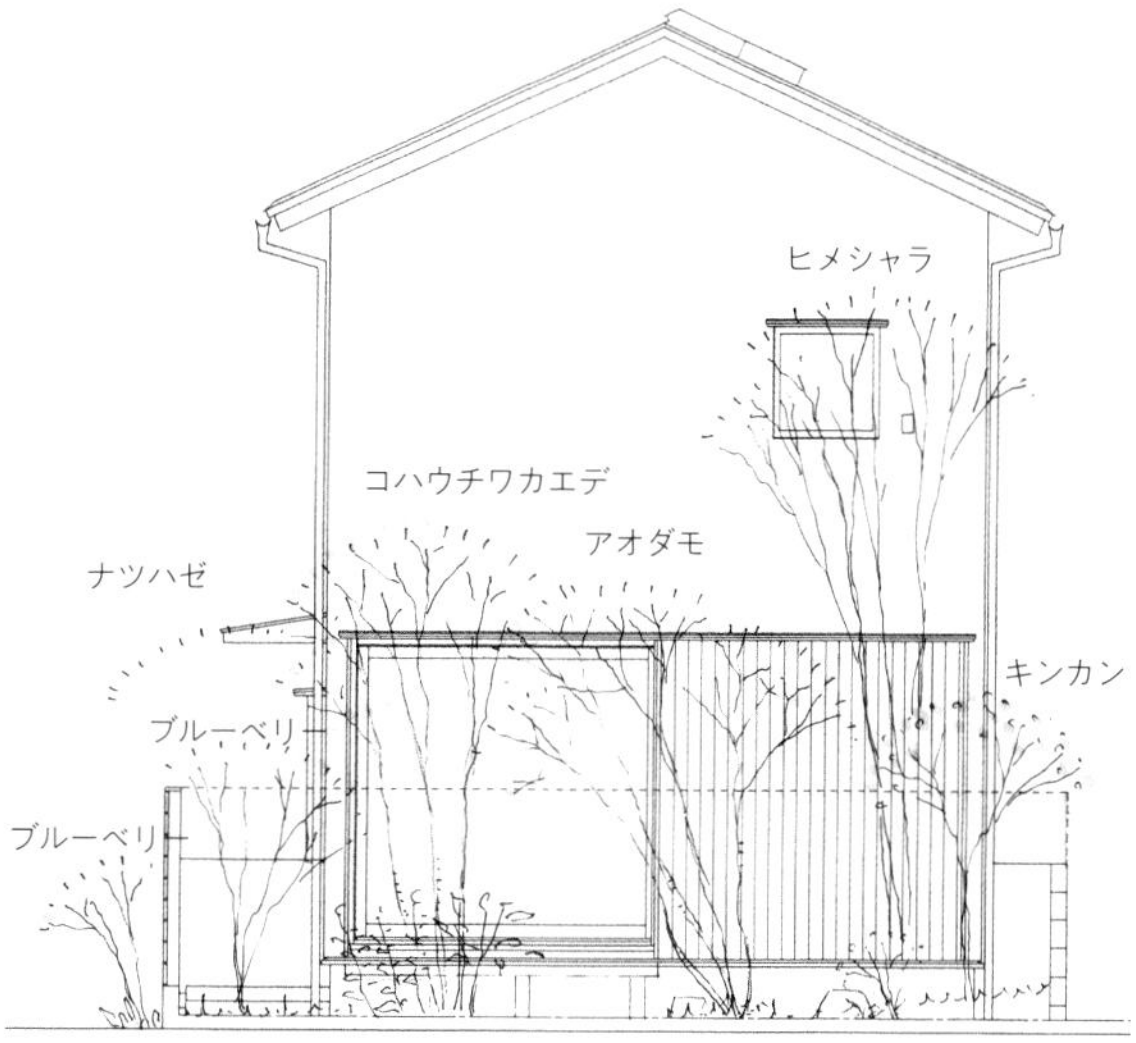

〈立面図〉

左：水鉢まで数歩の奥行きにも、株立ちの木と日陰を好む下草が生い茂り、小さくても野趣のある庭の景色。右：木々がこちらを向いて育つのも、北の庭のメリット。脇から顔を出すアオダモの枝葉が、左手の奥庭へと誘う。

Data

建物名	中村邸
敷地面積	93.33㎡（28.23坪）
建築設計・施工	相羽建設

　［写真］撮影／西川公朗

CASE: 4

街並みにも届ける緑と光と風の潤い

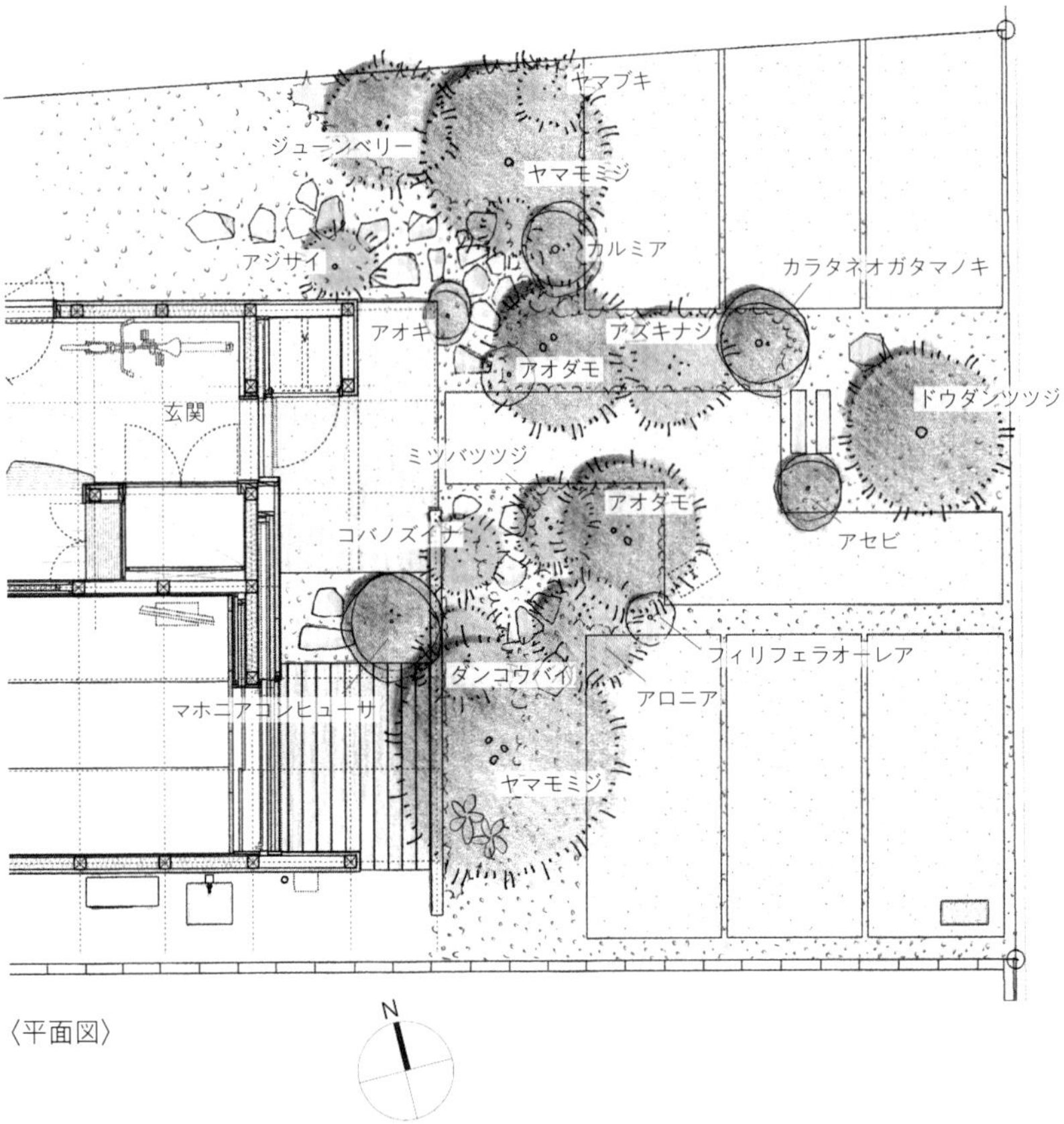

〈平面図〉

２階テラスから俯瞰した庭は、小さな公園のようにも見える。こんな家と庭がいくつも並んでいたら、きっと感じの良いまち並みになることだろう。手入れを軽減するため、土の露出部分は抑え気味に設計した。

通りのある東側に向かって、開口部と庭のデザインを集約。建築と緑がひとつになり、道を通る人の印象に残りほっと安らぐような景色が生まれた。

通りから7mほどセットバックした建物までの屋外スペースは、風にそよぐ木々の光景にふと立ち止まり眺める人も多いそう。道路に面する東側に二台分の駐車場とアプローチを集約して生まれた、大らかな空気感のある心地よいフロントガーデンです。

同じ東側でも、建物との距離によって植物にとっての環境は異なります。建物からもっとも離れた終日・周年かんかん照りの道路際には、日照りに強いドウダンツツジを配して、まち並みのアクセントにも。

建物が西陽を若干緩和してくれるその先には、アズキナシ、アオダモ、ヤマモミジ等の落葉樹を配植して木立を形成しています。

折れ曲がるアプローチの足下には、石と低木と草花で小さな景色の違いをつくり出し、玄関まで歩いて数秒の道のりにも移り変わるシークエンスの楽しみを付加しました。

駐車場とアプローチは、コンクリート洗い出しの床仕上げに。緑地面積が限られている中にも小さな林の風情を出せたのは、ゆったりと育つ株立ちの木々のおかげです。

花と秋の彩りを増やす落葉低木は、ダンコウバイ、アロニア、ミツバツツジ。株元にはツワブキやヤブコウジといった常緑の下草を。

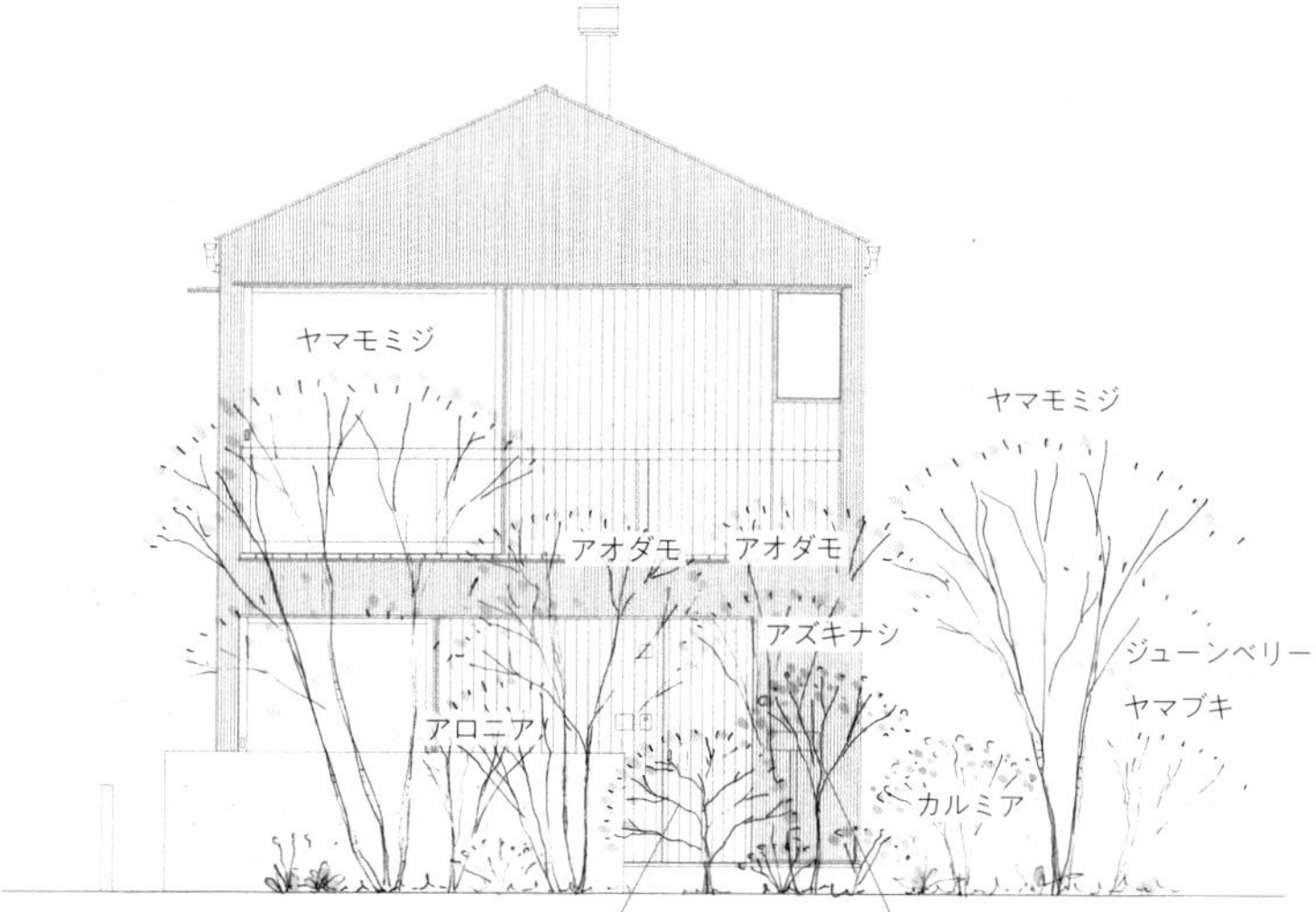

〈立面図〉

東側の道路に面するフロントガーデン。「まちの風景として道行く人たちにも楽しんでほしい」という住まい手の想いから、まちに開いた庭をつくった。

Data

建物名	高橋邸
敷地面積	132.35㎡（40.04坪）
建築設計	伊礼智設計室
施工	相羽建設

 ［写真］撮影／小林賢二

CASE: 5

小さな日陰の庭でこそ植物の光が効果的

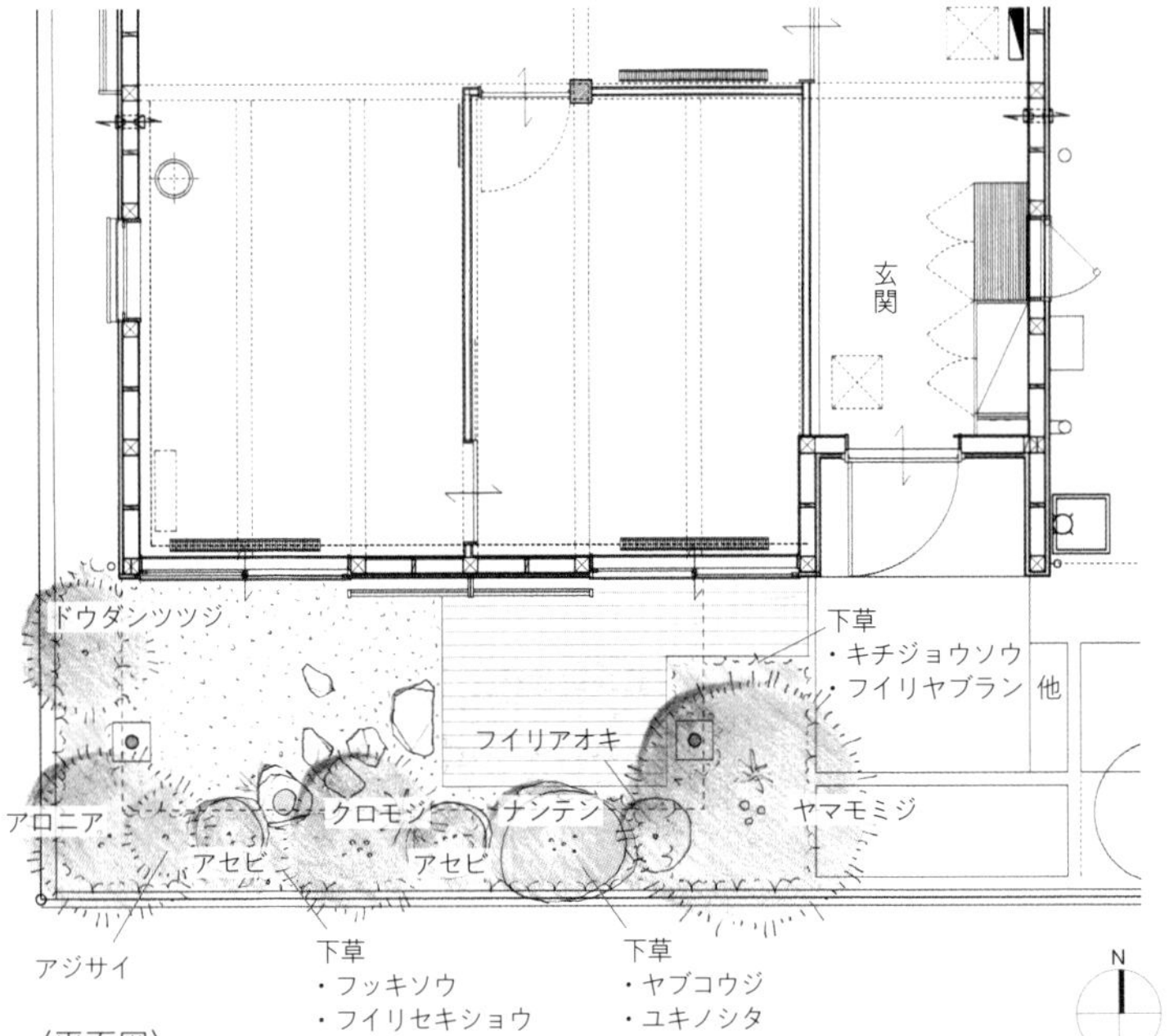

〈平面図〉

上：アプローチから見たヤマモミジ。この場所への収まりのいい形状寸法の木を厳選。下：2階の小窓からも見え方も意識して。見上げるのとは違う葉色を楽しむ。

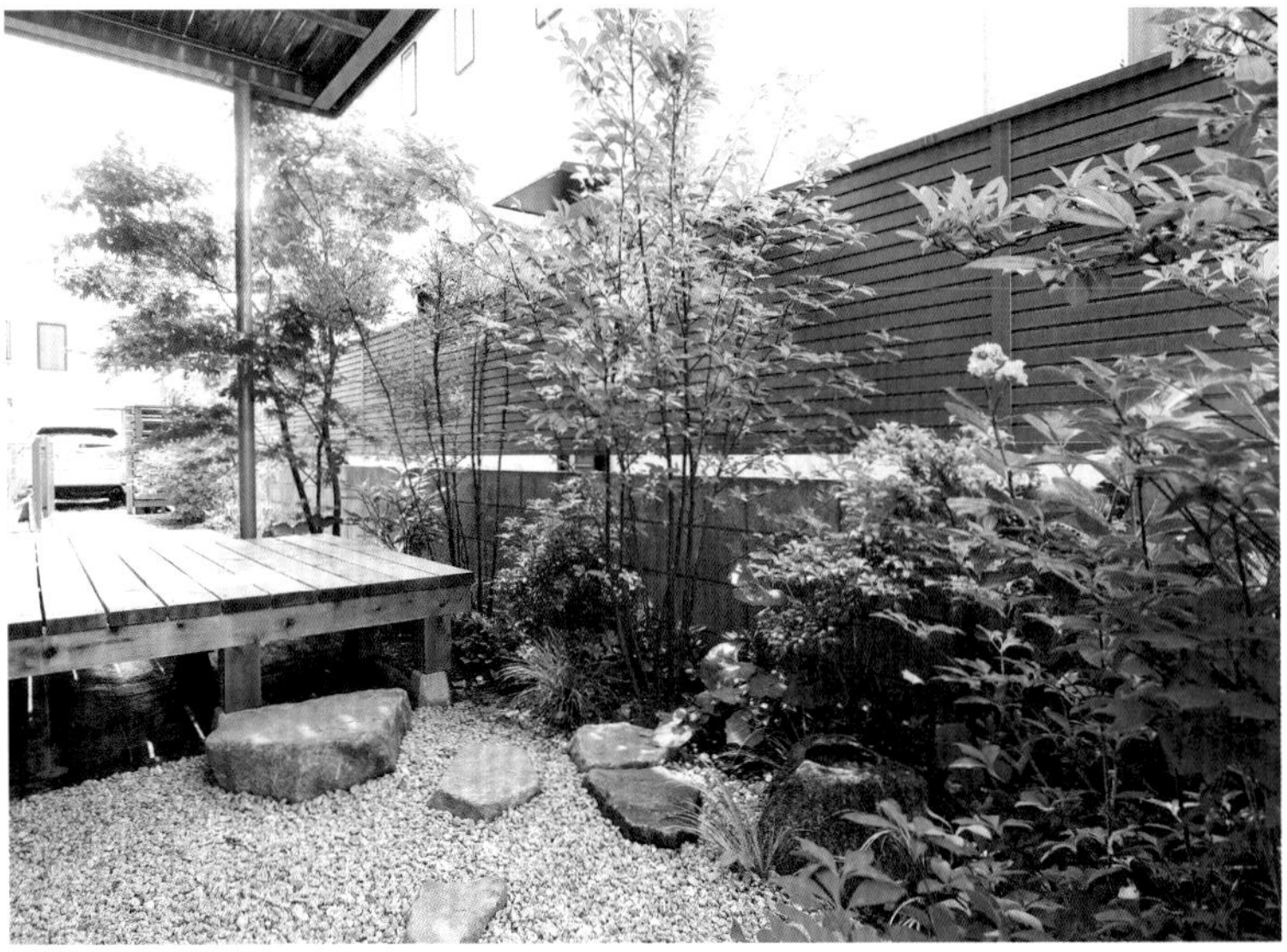

ウッドデッキと伊勢砂利敷きのフロアで、半々に分け合った庭が明るい印象を醸し出す。東西から入る光と風を植物が受けとめ、移り変わる情景を楽しめるとっておきの居場所に仕上がった。

隣地境界フェンスに囲われた、バルコニー下のスペースをリノベーション。そう書けば居心地悪そうですが、竣工から5年、暮らすうちに、奥まった場所の過ごし方に可能性を感じた住まい手からの依頼でした。

高木を使わないプランをイメージしていたところ、「二階の小上がりの小窓からモミジが見えたらいいな」という住まい手の言葉が決め手に。

バルコニーを支える柱横の広くない植え場所に納まりよく、アプローチ、一階、二階、庭のそれぞれからいい景色が見られるヤマモミジを見つけて、私の仕事の半分は終わったかのよう。

日陰に明るさをもたらす伊勢砂利を敷き、庭の焦点に小さな水鉢を据えました。バルコニーまわりの雨が落ちる境界際には、半日陰好きの中低木と下草。植物によって生まれた光がぐいぐいと庭の魅力を引き上げています。

素直な葉の形状を好んで選んだクロモジは、今でも住まい手のお気に入り。花は一時でも葉は9カ月。限られた樹種での選択では、葉姿の好みが大事なポイントになります。

ヤマモミジに守られ、緑に包まれるウッドデッキは、居心地のいいくつろぎの場所。

Data

建物名	李邸
敷地面積	132.24㎡（40.00坪）
建築設計・施工	相羽建設

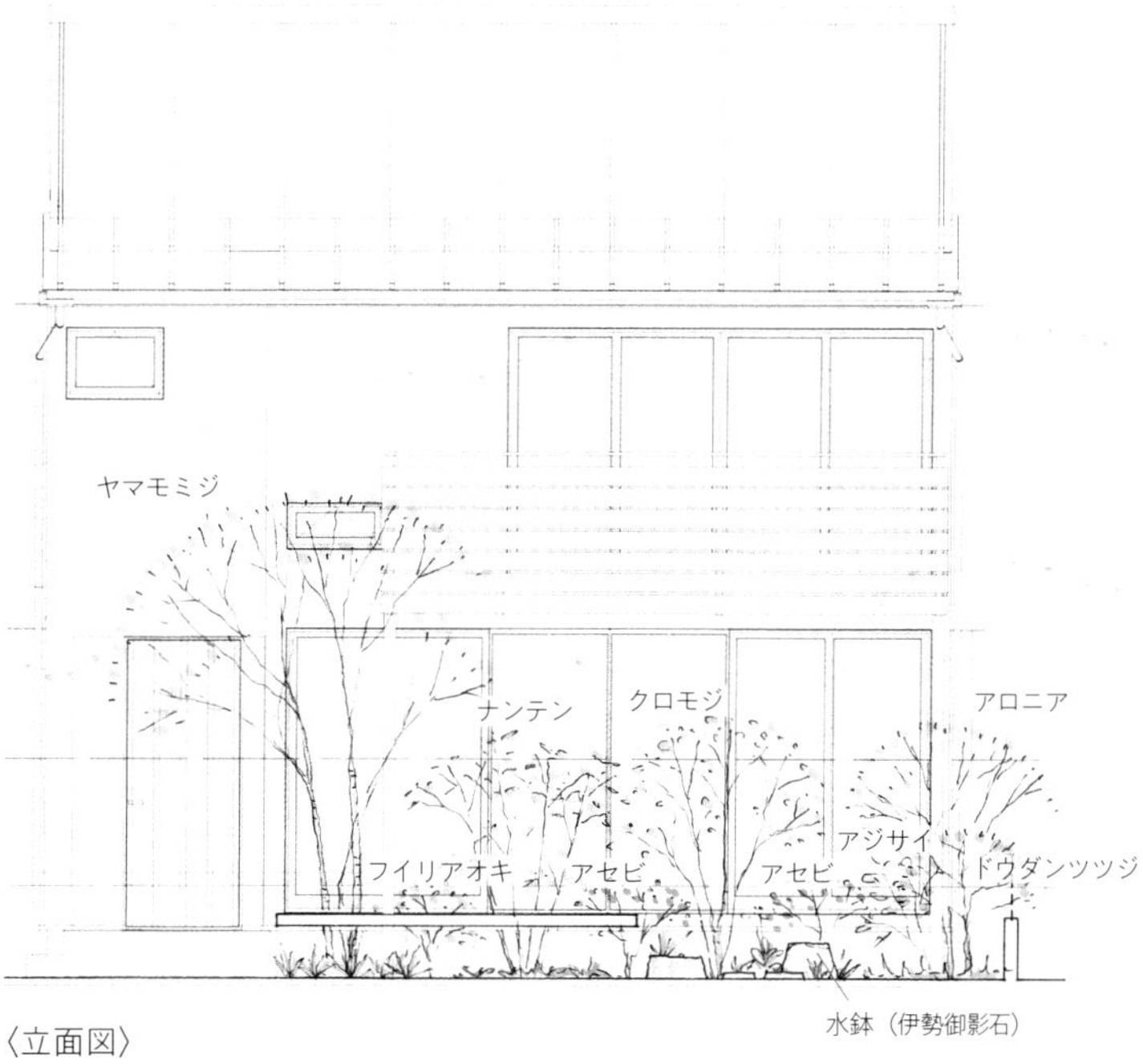

〈立面図〉

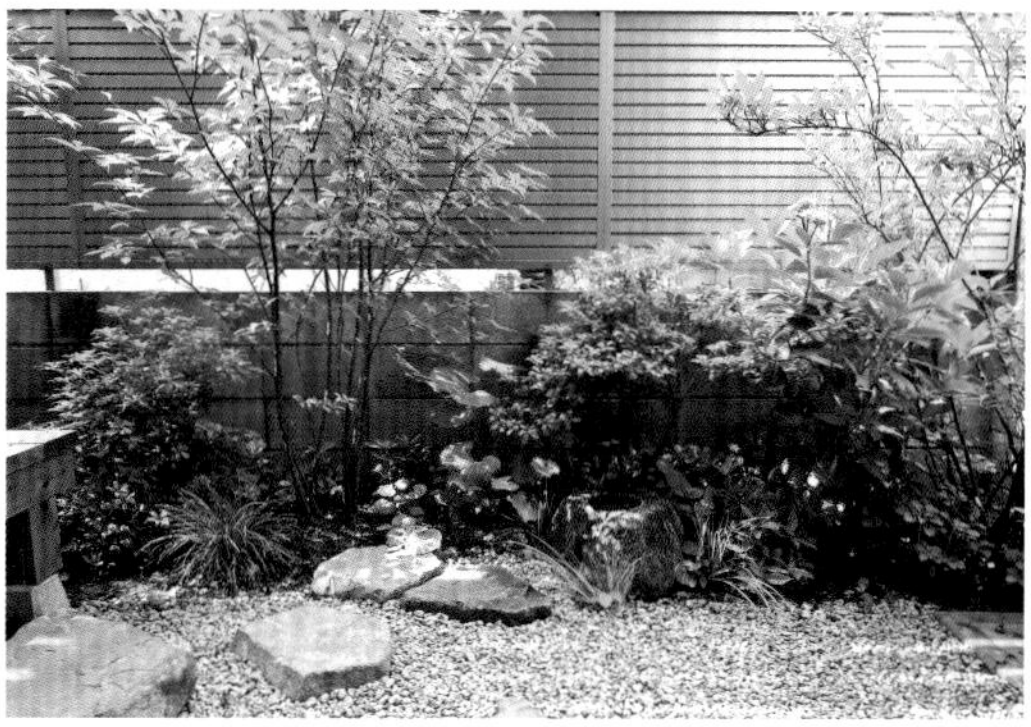

伊勢御影石がたたえる小さな水辺と、日陰の植物。落葉のクロモジ、アロニア、アジサイの下、常緑のアセビや ヤブコウジ、ツワブキ、セキショウなどの下草がブロック塀の存在を緩和して、周年、緑の潤いを提供する。

［写真］右頁右上、左頁右下撮影／小林賢二　左記以外の撮影／相羽建設広報部

CASE:6

小さな庭を路地に開いて明るさと広がりを生む

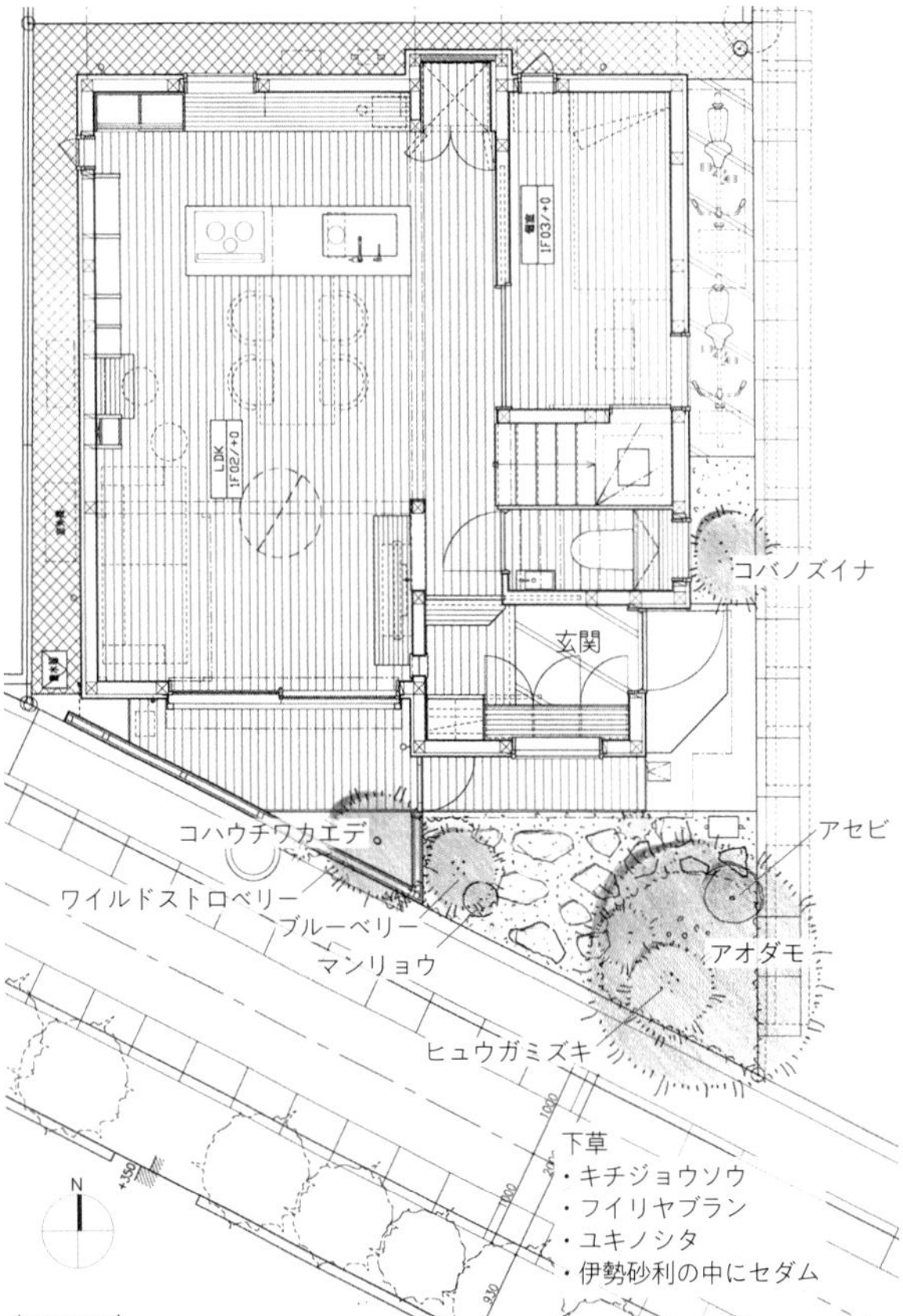

〈平面図〉

2階のバルコニーから見える風景。庭のアオダモの枝越しに緑道が奥行き感のある景色をつくる。まわりの緑とつながることの効果。

左：路地側を閉じなかったことで、庭にも路地にも広がりが生まれた。誰でも座れるベンチがウエルカムな雰囲気をつくる。右：小さな庭は、街に開きながらも玄関まわりを緩やかに緩衝し、プライベートなエリアとの境界に。

敷地の前には細い路地があり、下町ならではといったヒューマンスケールの街並みが広がります。

建築家の関本竜太さんは、「この細い路地と接道する私道との交点にささやかな緑地を設け、街に対して開いた庭をつくりたい」と、造園に対する明確な考えがあったので、造園家のやるべき仕事は樹種の選定程度。しかし、街の環境を住まいの一部にしようという建築家と住まい手の想いに応えようと、朗らかな広がりが感じられる空間づくりを心がけました。

玄関脇に植えたコバノズイナは、コンクリートに囲われたスペースで存分に広がり潤いを与えてくれることを期待して。通りに開いた角の植え込みには、二階のバルコニーに届く株立のアオダモを一本。ブルーベリーとヒュウガミズキで花と実の楽しみと秋の彩りを増やし、キチジョウソウを中心にした常緑の下草で地面を覆いました。

敷地境界から少しの敷居を感じさせようと入れた野趣のある相木石《あいき》の石畳。小さな庭に楽しげな表情が加わりました。

板塀の足元に開けられた通風口には、ワイルドストロベリーを植えた。

小さくて変形の庭こそ工夫のしがいがある。さほど大きくない石を数個、広めの目地で粗野に並べる。スペースの狭さを度外視して面白味を出した。

Data

建物名	KOTI
敷地面積	66.88㎡（20.23坪）
建築設計	関本竜太／リオタデザイン
施工	大和工務店

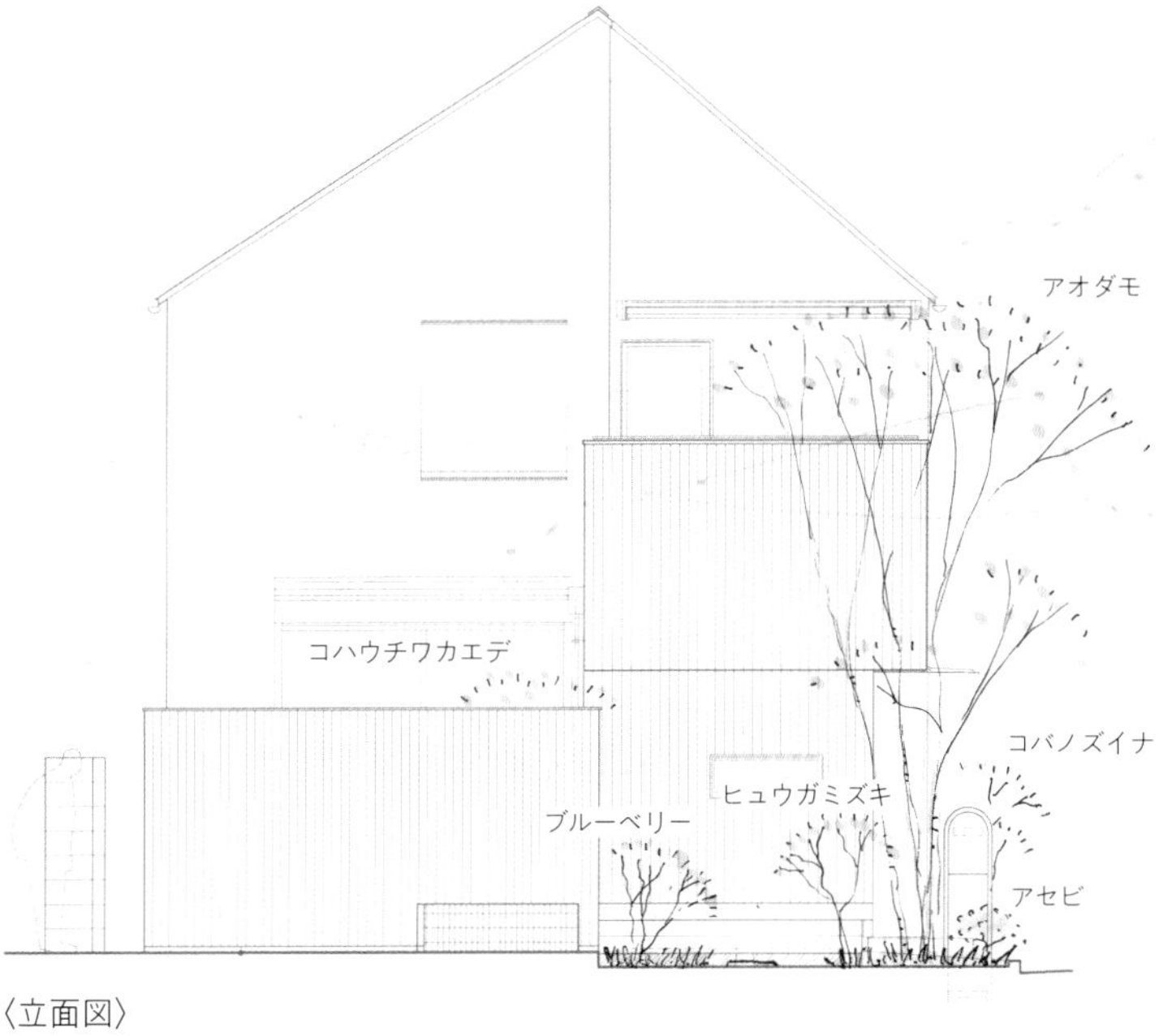

〈立面図〉

 ［写真］右頁撮影／関本竜太　左頁撮影／小林賢二

CASE:7

中庭を囲む窓辺で展開する四季の光景

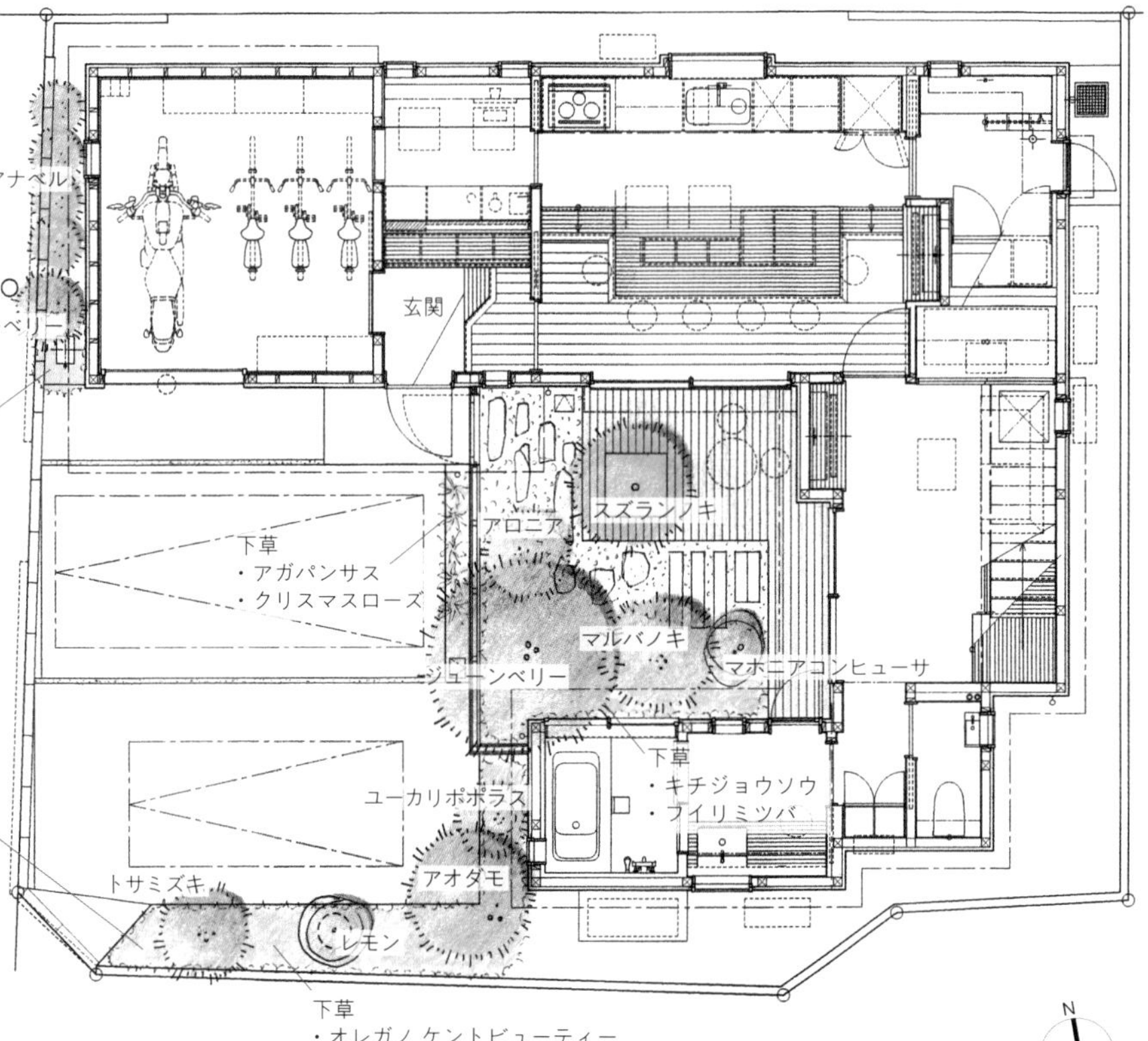

〈平面図〉

浴室の窓から、中庭を通してリビングの様子が見える。窓辺に映る株立の木々が落ち着きのある奥深い雰囲気をつくり、リラックスした気分で入浴を楽しめる。

赤いポストの足元にタイムなどのハーブのグリーンが鮮やかなアプローチ。ウッドフェンス越しに見える緑が中庭へと誘う。

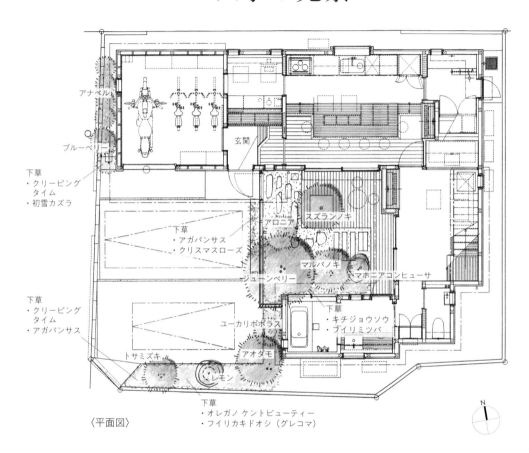

左：小さなテラスでも、緑に囲まれると快適な居場所に。右：秋にはテラスをくり抜いて植えた中庭のスズランノキが紅葉する。日照条件によって色づきが変わるマルバノキの紅葉も楽しみ。

「ジューンベリーが桜のように美しく、散ると雪のように中庭が白くなり素敵でした」と、住まい手が送ってくれた一枚。

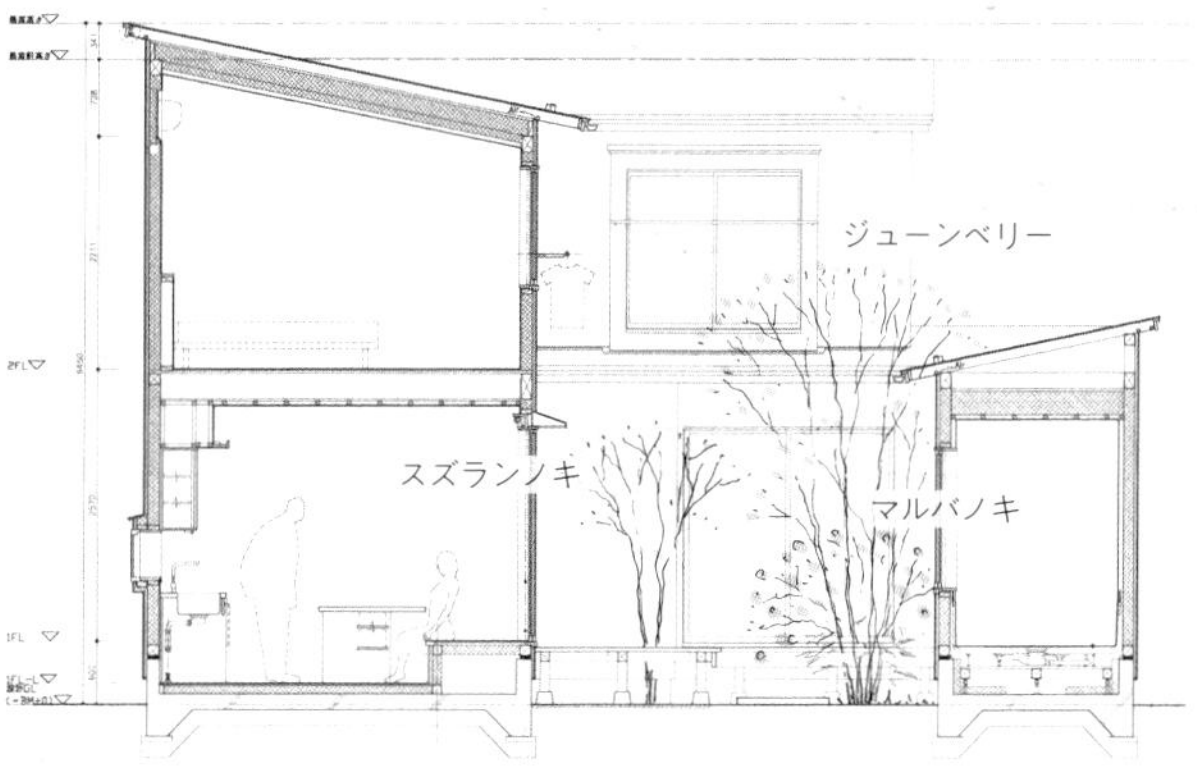

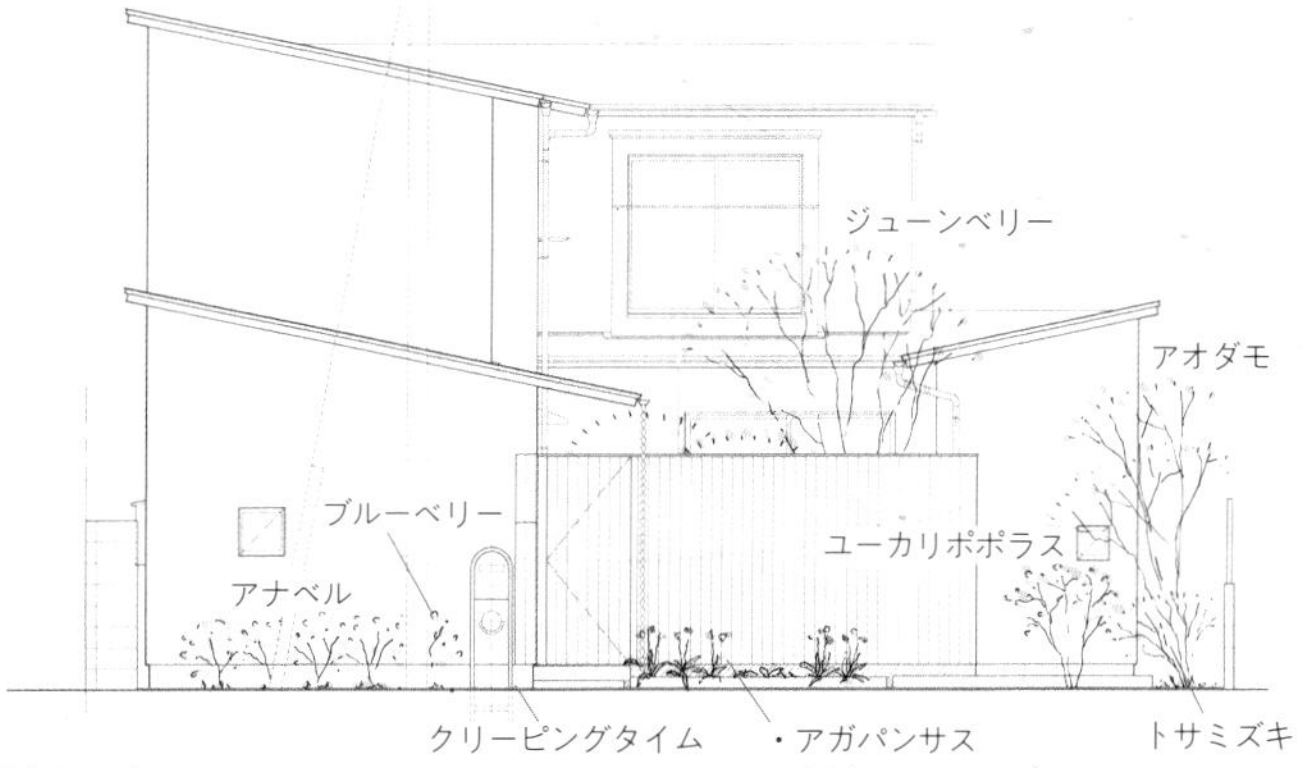

〈立面図〉

Data

建物名	扇の家
敷地面積	149.94㎡（45.35坪）
建築設計	関本竜太／リオタデザイン
施工	松本建設

一階はダイニング、リビング、洗面所、浴室が中庭を取り巻くように扇型に並ぶ間取り。ウッドデッキにつながるダイニングから、窓辺に木々の枝葉を映す浴室まで、中庭の景色が変化しながら展開します。

ウッドデッキの植え枡《ます》にはスズランノキを植え、一本立ちのすっきりとした立ち姿で清潔感のあるダイニングの窓辺を演出。デッキまわりには、株立ちの木々で限られた空間にも奥深さをつくり出しています。

駐車場の鉢に入れたユーカリポポラスとレモンは住まい手からのリクエスト。和風に寄らないよう、北アメリカ原産のジューンベリー、スズランノキ、アロニア、ブルーベリー、アナベルと、南アフリカ原産のアガパンサス、ヨーロッパ原産のクリスマスローズやハーブ類というように、海外原産の植物を多めに入れ、普段とはひと味違う植栽計画に。「木々に若葉が出てきて花が咲き、春の訪れを感じる日々、中庭を眺めながら素敵な家で仕事ができる幸せを感じています。お風呂からの眺めも最高」と住まい手からうれしい感想をいただきました。

［写真］右頁、左頁左上撮影／新澤一平　左頁右上撮影／関本竜太　左頁左下撮影／住まい手

CASE:8

三方から楽しむ
絵のようなモミジの小径

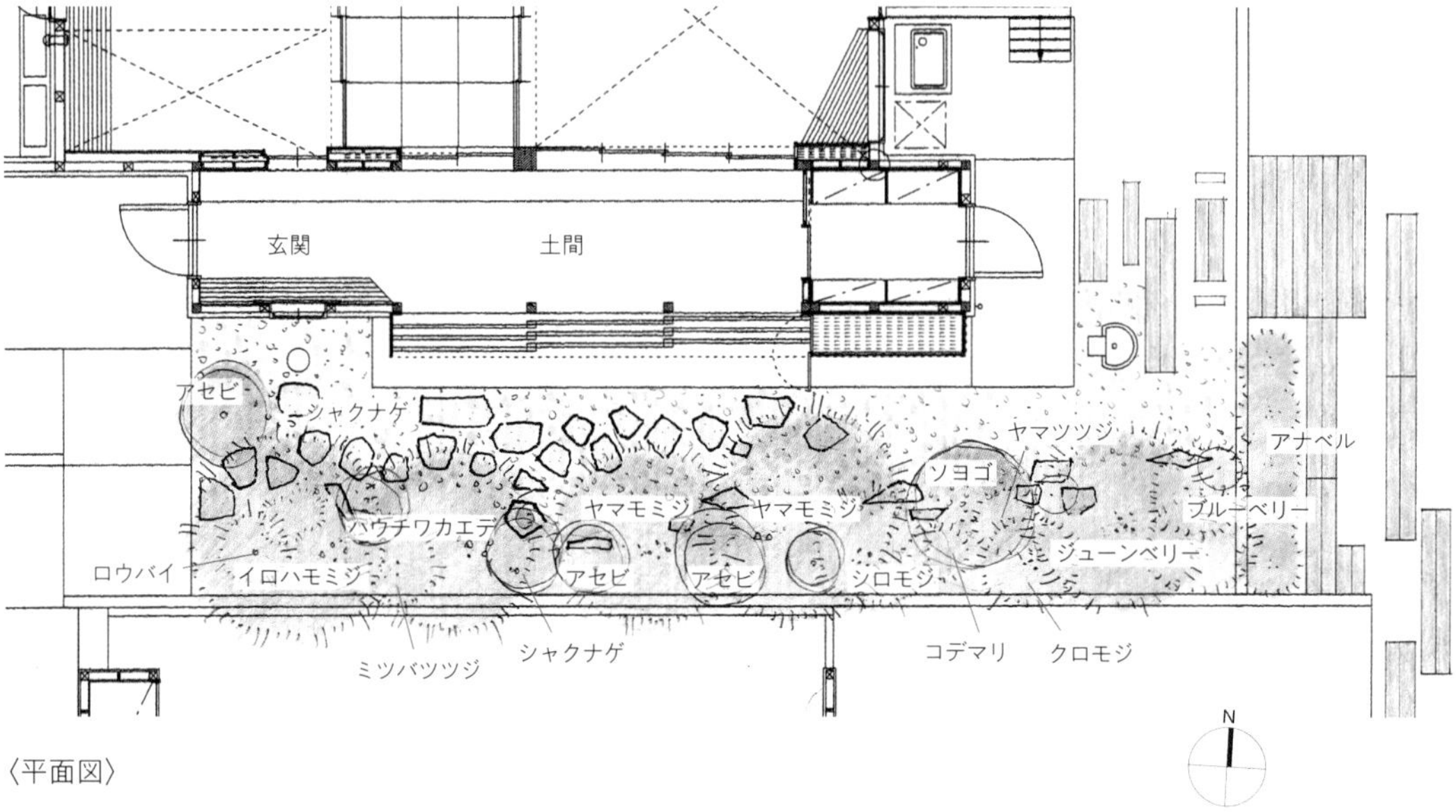

〈平面図〉

表玄関のアプローチから見えてくる、迎える庭の風景。そのまま庭に入りたくなるような飛石も、堂々と立つ建築に呼応するように、ここではゆったりとした大きさの石を並べた。

西と東にあるふたつのアプローチをつなげて、リビングの南正面に座す屋外のスペース。細長い敷地形状を素直に生かして、モミジ類の紅葉樹を中心にした雑木の植込みと、割栗石敷きの中に飛石を打った動線が並行する、シンプルな構成です。

大雑把なデザインを補ってくれるのは、魅惑的な自然の材料。庭に向けてデザインされた大小の窓とふたつのアプローチから、似て非なるそれぞれの眺めをつくるように、植物を吟味して選びました。それらが四季折々に繊細で多様な表情を見せ、歩いて楽しく見て楽しい、絵になる庭に仕上げてくれています。

「秋の紅葉はもちろんですが、新緑の出そろう五月はとてもきれいで癒されます。見ごろは初夏と秋の必ず二回」「石と木と土と家のバランスがとてもよく、冬場も手入れや掃除をしなくても絵になります」と、造園から二年経った住まい手からの感想。

植物好きの奥様との打合せでできた庭ですが、造園後はそれまで庭にあまり興味がなかったご主人の方が、より楽しんで手を入れてくれているようです。

モミジの足元に入れたフイリミツバは、住まい手からのリクエスト。落葉性の下草を多く入れた分、石と割栗石敷きを広げ冬の景色が寂しくならないように配慮。

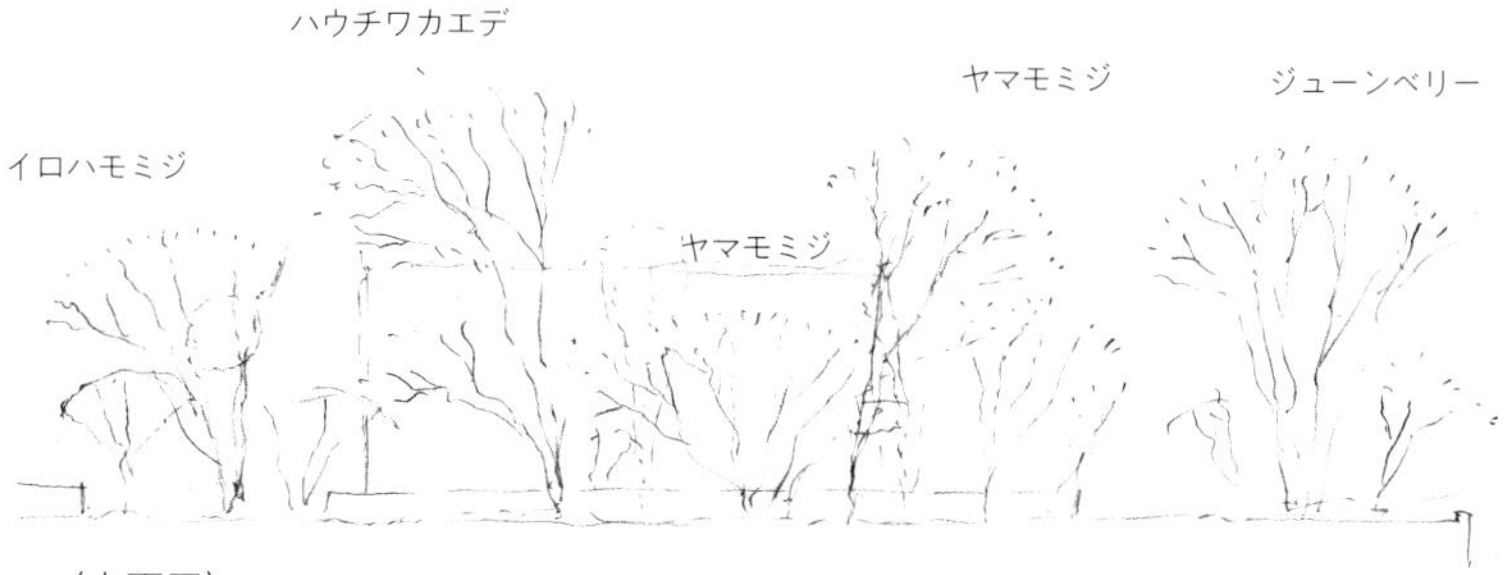

〈立面図〉

実際に使う樹種の形状寸法を当てはめて最終のチェック。直線的な配植になるため樹高に変化をつけて、不等辺三角形を描くような立面図になっている。

リビングから眺める庭。大らかな空気を生み出す鉄平石敷きの土間と大開口のフレームが、移り変わる庭の景色を支えている。

Data

建物名	田端邸
敷地面積	793.4㎡（240坪）
建築設計・施工	小林建設

　［写真］右頁撮影／小林建設　左頁撮影／小林賢二

P050 Y邸

村田淳建築研究室　村田 淳

神奈川県川崎市多摩区生田 6-36-23
TEL：044-712-5728
URL：http://murata-associates.co.jp

P008 池田邸

くらし設計室　穂垣友康、穂垣貴子

広島県福山市木之庄町 2-12-26
TEL：084-973-7202
URL：https://kurashi-sekkei.com

P062 近藤邸

リオタデザイン　関本竜太

埼玉県志木市本町 6-21-40-1F
TEL：048-471-0260
URL：https://www.riotadesign.com

P020 H邸

八島建築設計事務所　八島正年、八島夕子

神奈川県横浜市中区山手町 8-11-B1F
TEL：045-663-7155
URL：http://yashima-arch.com

P074 M邸

松本直子建築設計事務所　松本直子

東京都中野区新井 5-5-10-1304
TEL：03-3385-6303
URL：https://n-matsumoto1997.com

P034 S邸

伊礼智設計室　伊礼 智

東京都豊島区目白 3-20-24
TEL：03-3565-7344
URL：https://irei.exblog.jp

P126 米澤邸

木々設計室　松原正明+樋口あや

東京都板橋区赤塚 5-16-39
TEL:03-3939-3551
URL:https://www.kigisekkei.com

P086 T邸

堀部安嗣建築設計事務所　堀部安嗣

東京都新宿区袋町 10-5 坂本 DC ビル 3F
TEL:03-5579-2818
URL:https://horibe-aa.jp

P138 中島邸

熊澤安子建築設計室　熊澤安子

東京都杉並区宮前 3-17-10
TEL:03-3247-6017
URL:https://www.yasukokumazawa.com

P102 K邸

水野純也建築設計事務所　水野純也

東京都練馬区石神井台 8-20-8
TEL:03-3928-1314
URL:https://mizuno-aa.com

P150 コラム

小林賢二アトリエ　小林賢二

東京都国立市谷保 5843
TEL:042-572-9223
URL:https://kobayashi-atelier.com

P114 M邸

佐久間徹設計事務所　佐久間 徹

東京都武蔵野市吉祥寺本町 4-32-26
TEL:0422-27-7121
URL:https://sakumastudio.com